Psicopatología

Psicopatología

Psicología de la anormalidad

Marco Antonio Espinosa

EL LIBRO MUERE CUANDO LO FOTOCOPIAN

Amigo lector:

La obra que tiene en sus manos es muy valiosa. Su autor vertió en ella cono-cimientos, experiencia y años de trabajo. El editor ha procurado una presentación digna de su contenido y pone su empeño y recursos para difundirla ampliamente, por medio de su red de comercialización.

Cuando usted fotocopia este libro o adquiere una copia "pirata" o fotocopia ilegal del mismo, el autor y el editor no perciben lo que les permite recuperar la inversión que han realizado.

La reproducción no autorizada de obras protegidas por el derecho de autor desalienta la creatividad y limita la difusión de la cultura, además de ser un delito.

Si usted necesita un ejemplar del libro y no le es posible conseguirlo, escríba-nos o llámenos. Lo atenderemos con gusto.

EDITORIAL PAX MÉXICO

Título de la obra: *Psicopatología*

COORDINACIÓN EDITORIAL: Gilda Moreno Manzur
FORMACIÓN: Rocío Hernández Uribe
PORTADA: Julieta Bracho-Jamaica

© 2019 Editorial Pax México, Librería Carlos Cesarman, S.A.
      Av. Cuauhtémoc 1430
      Col. Santa Cruz Atoyac
      México DF 03310
      Tel. 5605 7677
      Fax 5605 7600
      www.editorialpax.com

Primera edición
ISBN 978-607-9472-68-9
Reservados todos los derechos
Impreso en México / *Printed in Mexico*

ÍNDICE

A mis hijos, a mi esposa y a mis padres.

INTRODUCCIÓN

Las razones que mueven a los seres humanos son de una gama muy variada, así como las explicaciones o términos que podríamos darles. Desde tiempos remotos, el ser humano se ha esforzado por encontrar la explicación o el motivo de su comportamiento y de las alteraciones en el mismo. Sus interpretaciones han evolucionado a lo largo de la historia de la humanidad y actualmente, en un mundo tan cambiante y demandante, no existe una sola forma que pueda dar respuesta a todo lo que le acontece. Por ello, existen distintas formas del estudio del comportamiento anormal.

El presente libro ofrece una visión integral de la psicología de la anormalidad, ya que distintas perspectivas atienden su estudio. Para todo profesional de la salud es necesario comprender, desde la postura biológica, psicológica y social, los comportamientos de los cambios de las personas, la sociedad y sus manifestaciones. Asimismo, este libro atiende al contexto actual y a las clasificaciones de diagnóstico internacionales como la de la Organización Mundial de la Salud y la Asociación Psiquiátrica Americana, que son fundamentales para abordar el estudio de la psicología de la anormalidad.

Con el fin de facilitar la comprensión del comportamiento anormal, se analizan casos clínicos de personas reales, retomando el contenido abordado en el capítulo correspondiente; así, se muestra una imagen de la acción dinámica de la vida interna del hombre y sus expresiones conductuales, haciendo hincapié en las influencias en el desarrollo del ciclo de vida.

En el primer capítulo se abordan criterios y conceptos sobre la comprensión de la anormalidad y el uso de su terminología, como los del trastorno psicológico y la psicopatología. El segundo capítulo presenta las perspectivas para el estudio de la anormalidad, así como sus intervenciones en el desarrollo de la misma. En el tercer capítulo se hace hincapié en las manifestaciones para la comunidad médica que han llevado a la clasificación y diagnóstico. Finalmente, en el cuarto capítulo se exponen los trastornos con mayor índice de manifestaciones en la población adulta mexicana, su descripción y atención.

En un mundo con diferentes manifestaciones de los individuos, es fundamental estudiar y comprender las distintas formas de adaptación y, ante las exigencias de una realidad que hemos creado, se tiene la obligación de atenderla y comprenderla para formar parte de ella.

Capítulo I

Normalidad y anormalidad

Una reacción anormal a una situación anormal
es un comportamiento normal.
Viktor Frankl

A través del tiempo, los conceptos de normalidad y anormalidad han evolucionado junto con el desarrollo de la ciencia y la cultura. Hace 200 años todo enfermo mental estaba relacionado con lo diabólico y la posesión. Actualmente todo profesional de la salud mental tiene el dilema de establecer qué es normal y qué es anormal. La pregunta obligada es: ¿cómo distinguir entre un comportamiento normal y uno anormal? El límite entre uno y otro no es tan sencillo de identificar, ya que la línea entre los dos es muy delgada, sin importar la óptica con que se vea y más allá de que quien quiera hacer dicha distinción, sea un hombre de ciencia o una persona dedicada al estudio del mismo.

Por ello, es importante retomar a la normalidad y anormalidad como constructos, los cuales van ligados muy de cerca y se necesitan mutuamente para poder ser comprendidos. Es decir, cuando se realice el análisis de un comportamiento y de la personalidad de un ser humano, así como de un hecho o un fenómeno, el profesional debe tomar en cuenta ambos términos; de esta forma, podrá encauzarse con eficacia al empleo de los mismos, atendiendo a distintos criterios. Asimismo, logrará evitar el aplicar el parámetro de normalidad con base en criterios personales, ya sea por sus experiencias, creencias o ideales, y así establecer la existencia de anormalidad o el grado en que esta se presenta.

Ante tal situación, es necesario poner énfasis en atender a distintos criterios para establecer o determinar lo normal y lo anormal. Es importante advertir que en su utilización podría caerse en ambigüedad, por lo que hay que enfocarse en su utilización práctica para la elaboración del diagnóstico clínico.

Todo profesional de la salud debe considerar que en la práctica clínica no se busca establecer lo que es anormal o no, sino evaluar el grado en que la anormalidad se hace presente.

En cuanto a la normalidad, es posible relacionarla con la definición de salud que figura en la Constitución de la Organización Mundial de la Salud: "el estado de completo bienestar físico, mental y social, y no solamente la ausencia de afecciones y/o enfermedades. También puede definirse como el nivel de eficacia funcional y/o metabólica de un organismo tanto a nivel micro (celular) como en el macro (social)" (OMS, 1993).

Por lo anterior, la personalidad normal puede relacionarse con la persona saludable mentalmente y sus aspectos constituyentes son el bienestar afectivo, el mantenimiento de la competitividad, la autonomía, la conciencia de sus propias capacidades, el enfrentamiento de las tensiones normales de la vida y el mantenimiento de un funcionamiento integrado de su personalidad.

En lo opuesto, para Feldman la anormalidad se puede definir como una desviación del comportamiento promedio o del ideal. Por su parte, Rosenhan y Seligman encuentran elementos como sufrimiento, desadaptación, irracionalidad, pérdida de control y excentricidad.

Por ello, el comportamiento debe evaluarse en términos de grado, sin ver lo anormal o normal como un absoluto, ni como un concepto, sino como un constructo, el cual atiende a la experiencia y la significación de los individuos, y no desde una idea ya dada, ya que normal y anormal son dos polos que se encuentran en constante interacción. Para poder tener un mejor abordaje del tema, en este libro se propone ver la normalidad como un constructo que expresa el ajuste a las normas o a valores medios, y relacionarla con el concepto de salud, que implica un bienestar físico, emocional y social. Y abordaremos la anormalidad como un constructo que expresa una situación o comportamiento desviado del promedio o del ideal, relacionado con características desadaptativas, disfuncionales o patológicas.

En el Cuadro 1.1 se presentan las definiciones de los constructos de anormalidad y normalidad que permiten tener un mejor abordaje para su comprensión.

Cuadro 1.1 Diferencia entre normalidad y anormalidad

Normalidad	Anormalidad
Constructo que expresa una situación o comportamiento que se ajusta a las normas o a valores medios, relacionado con el concepto de salud que implica un bienestar físico, emocional y social.	Constructo que expresa una situación o comportamiento desviado del promedio o del ideal, relacionado con características desadaptativas, disfuncionales o patológicas.

Para dar paso al abordaje del estudio de la anormalidad, cabe prevenir al lector que se toma como referencia la normalidad, ya que atiende a distintos criterios como el de la salud; se considera a un comportamiento dentro de los límites normales cuando no se observa patología (ausencia de signos y síntomas anormales), así como el bienestar subjetivo del individuo, hasta considerar el criterio legal de entender lo que es correcto.

CRITERIOS DE LA ANORMALIDAD

Debido a la dificultad de distinguir un comportamiento normal del anormal hay que utilizar diferentes criterios que nos permitan comprender y establecer, en cuestión de grado, si existe anormalidad.

Criterio de desviación del término medio

Las rarezas y el incumplimiento de la norma son las manifestaciones más comunes de este criterio, siendo el término promedio de las manifestaciones o expresiones conductuales o verbales lo que determina la visión de normalidad: "Es normal lo que se manifiesta con frecuencia en una población total" (Vidal, 1986).

En toda sociedad predominan convencionalidades, costumbres y tradiciones con las que todo individuo está obligado a cumplir según el contexto y la época en los que se encuentra. Todo aquel comportamiento que sea diferente de lo que la mayoría realiza se considera anormal. Pensemos en alguien que va a un baile y, a pesar de las insistentes invitaciones para bailar, se queda sentado y hablando en voz alta consigo mismo. Su comportamiento, al ser diferente del de todos los demás, se verá como raro, en tanto que aquellos que se mueven aun de modo extravagante pero al ritmo de la música, incluso podrían ser admirados por los asistentes. De igual manera, puesto que la mayoría de las personas nos bañamos con regularidad, si alguien lo hace una vez al mes, su expresión de higiene se calificará como desagradable.

"La normalidad se enfoca en la mayoría de los casos en relación con los demás, con el ideal o la regla" (Bergeret, 1980). También el cumplimiento de las normas o reglas explícitas determina una normalidad; por consiguiente, el comportamiento de un automovilista que se pase los altos de los semáforos o conduzca por una avenida a 200 kilómetros por hora se considerará como anormal. Por ello, una manifestación de un comportamiento sociópata (que no respeta leyes, normas, autoridad y convencionalidades) se observará como dentro del rango de la patología. Asimismo, en los casos legales donde exista controversia por un comportamiento o una situación, tendrá que intervenir la justicia y por medio de un juez determinar si este es anormal o no.

Criterio de desadaptación

La adaptación o el comportamiento socialmente aceptable se refiere a ver la normalidad como la personalidad perfecta o ideal y como la habilidad para conformarse a lo que la sociedad espera de una persona, ya que el individuo que no logra adaptarse se verá como anormal

(Cameron, 1992). Por citar un ejemplo, en la mayoría de las culturas la práctica de la autoagresión puede resultar anormal, pero en otras es vista como normal, admirable y hasta digna de imitar; hay también culturas en las que las mujeres deben someterse sin reproche alguno a los deseos del hombre y cuando actúan por deseo propio, esto se califica como un acto de rebeldía que puede ser incluso merecedor de castigos ejemplares.

Por tanto, el profesional de la psicología habrá de atender este criterio con base en el comportamiento socialmente aceptable y a la vez considerar los que son inaceptables por la cultura en la que se vive. Como establece Jaspers (1946), no hay respuesta posible sobre si los caracteres en la personalidad son anormales; más bien hay que entender que lo anormal no es una comprobación, sino una valoración. Todo individuo que no logra adaptarse a las circunstancias en las que se encuentra, será visto como anormal.

En este caso, hay que hacer hincapié no sólo en el evento externo que le ocurre al individuo, sino también en las estrategias de afrontamiento y adaptación que pone en práctica.

Lo anterior se puede observar en Miguel, un hombre de 53 años de edad que viene a terapia para que le ayude a superar la muerte de su esposa, con quien llevaba 30 años de casado y cuya tumba sigue visitando a diario después de tres años del deceso, llevándole un ramo de flores y descuidando la convivencia con sus demás seres cercanos. Es notorio que Miguel no ha podido adaptarse a esa crisis de vida por la que muchas parejas pasan o tienen que pasar y en la cual, luego de unos meses, quien queda vivo debe continuar su vida de la forma más funcional posible. En cambio, Miguel expresa estrategias de afrontamiento ineficaces y un comportamiento desadaptativo a las circunstancias.

En cuanto a la adaptación, no se debe juzgar si es normal o no solamente por la gravedad de la situación vivida, sino por su afrontamiento y resolución ante la situación. Este es el caso de dos individuos que dejan de ir a trabajar, el primero porque se enteró de que fue ascendido de puesto y ahora tendrá mayores responsabilidades y el segundo porque su familia falleció en un accidente automovilístico en el que él conducía. Aquí podría decirse que este último tiene una situación justificada y su comportamiento puede visualizarse como normal, en tanto que el primero es visto como anormal. Lo cierto es que en ambos casos sus mecanismos de adaptación y afrontamiento no atienden a lo solicitado o esperado por la sociedad. El afrontamiento puede expresarse como la capacidad para adaptarse y resolver con la mayor eficiencia posible las circunstancias de la vida que se presenten.

Otra conceptualización de desadaptación (Rincón, 1991) se presenta cuando las personalidades responden o actúan inadecuadamente ante las situaciones que deben enfrentar.

Criterio de riesgo

Otro criterio es que el comportamiento manifestado provoque un riesgo para el propio individuo y/o para otros. Lo anterior puede verse en el intento de suicidio de un empresario que ha quedado en la ruina o el de un hombre que por haber sufrido infidelidad por parte de su esposa tiene la idea de matarla a ella y a sus hijos porque considera que la vida ya no tiene sentido. En el criterio de riesgo hay que considerar los actos que por acción o por omisión pueden generar un peligro.

A lo largo de la historia se han visto líderes religiosos que expresan el deseo de lograr el bienestar espiritual de sus fieles cruzando el límite de la normalidad al llevarlos al suicidio colectivo, aun cuando el fin sea obtener la paz y la tranquilidad interior. Es importante aclarar que este criterio se aplica incluso con el consentimiento o la aceptación de la persona que se encuentra en riesgo. Este es el caso de la mujer que ha sido golpeada por su marido durante varios años y en alguna ocasión tuvo que ser hospitalizada, pero que no ha manifestado oposición o disgusto alguno por dicha situación; por ello, el psicólogo novel podría equivocarse al pensar que si para ella no hay problema, no hay nada que atender. Si existe un riesgo con aprobación, con o sin conciencia, es una manifestación de anormalidad.

Criterio de deterioro

Aquí pueden verse distintas manifestaciones, como la de las personas que sufren estrés y que poco a poco tienen alteraciones físicas y emocionales o la de las personas que consumen alcohol o son adictas a una sustancia y que paulatinamente se deterioran no sólo en lo físico, sino también en lo social y en lo familiar. Es por ello que el deterioro se observa en diferentes esferas del individuo. También se debe tomar en cuenta la evolución de la persona, desde sus primeras manifestaciones hasta el momento en que el profesional la atiende, ya que brindan un aporte significativo. La razón es que podría suceder que la manifestación actual no se considere grave porque las manifestaciones iniciales eran imperceptibles o comunes, hasta llegar el momento en que requirieron atención psicológica o incluso hospitalización. Tal es el caso de una joven celosa que inicialmente tenía cuestionamientos acerca de las relaciones anteriores de su novio y a los dos meses de la relación ya revisaba sus objetos personales, sin que él se enterara y lo vigilara constantemente. Por ello el deterioro se considera como tal, cuando se ve afectada la funcionalidad de alguna de las esferas de un individuo y que no sólo atienden a la opinión de la persona afectada o la de sus familiares, sino también a la opinión clínica del especialista.

Criterio de ansiedad

Cuántas veces hemos escuchado decir que una persona "está nerviosa" y por ello no pudo realizar lo que se esperaba de ella, o bien, la frase: "Tómate un té para los nervios". Para empezar, el término está mal empleado, ya que desde la perspectiva de la psicología se indica que la persona está ansiosa. La ansiedad es básicamente un mecanismo adaptativo que aparece como una respuesta de alerta ante las amenazas internas o externas, provocando tensión, y ocurre en todas las personas. Se debe diferenciar del miedo pues, para decirlo de forma resumida y sencilla, el miedo es el temor a lo conocido y la ansiedad ante lo desconocido. En una manifestación óptima, la ansiedad mejora el rendimiento, así como la capacidad de anticipación y respuesta;

permite movilizar al organismo y mantenerlo alerta y dispuesto a intervenir frente a los riesgos y amenazas en acciones como huir, atacar, neutralizar, afrontar, adaptarse, etcétera. La ansiedad no representa un problema de salud a menos que exceda el grado de su manifestación, de modo que no pueda ser controlado por el propio individuo.

Para Nolen-Hoeksema (1990), el comportamiento anormal puede considerarse como una conducta que provoca ansiedad e impide funcionar debidamente en la vida cotidiana. Aun cuando esta definición sea imprecisa, no hay que dejar de lado la vida interna del individuo dado que toda experiencia humana tiene componentes inconscientes. La ansiedad manifestada en una depresión o una compulsión (impulso irresistible a la repetición de una conducta determinada) puede hacer que la persona sea incapaz de realizar sus actividades cotidianas. La personalidad humana surge de las primeras introyecciones o identificaciones, y las situaciones en las que se intenta descargar la tensión generada internamente puede oscilar desde el incremento de la actividad física hasta un episodio psicótico. Cuando la ansiedad limita la capacidad de percepción de una persona o perturba el pensamiento y altera su ejecución en las actividades cotidianas, ya ha rebasado la línea de la normalidad.

Este es un criterio que atiende a factores inconscientes, con lo que nos diferenciamos unos de otros por los patrones de defensa, dominio y eficacia que empleamos en nuestra vida. No importa qué tantos recursos psicológicos tenga la persona o qué tan equilibrada sea, no dejará de enfrentarse con dificultades, que son parte de la naturaleza de la vida humana y que provocan que acumule tensión que es preciso descargar de alguna forma.

Criterio de sufrimiento

En muchas ocasiones, el sufrimiento es precisamente el motivo de consulta para quienes se dan cuenta de que algo no se encuentra bien en su ser. El sufrimiento debe estar acompañado de una alteración en la vida de la persona; más de una vez todos los seres humanos experimentamos dolor y sufrimiento en nuestra vida, sin que esto sea signo de anormalidad. La alteración se presenta cuando el sufrimiento ha sobrepasado la capacidad de manejarlo y controlarlo; cuando se convierte en un obstáculo para poder funcionar apropiadamente ante las situaciones de vida del individuo.

El sufrimiento y el dolor, que en algunos casos son consecuencia de aspectos biológicos, en otras ocasiones son producto de vivencias, ideas o recuerdos, expresados en aspectos biológicos y corporales. También lo vemos cuando por alguna enfermedad física, a pesar de que la persona manifieste optimismo y luche por superar su condición, el dolor que experimenta es tan intenso que afecta su desempeño cotidiano.

Gelder y colaboradores (2007) consideran que quien se causa sufrimiento a sí mismo o a los demás tiene una personalidad trastornada. Para Gradillas (1998), el sufrimiento es una consideración sobre la naturaleza de los fenómenos psíquicos patológicos, pero no es una consideración necesaria en los síntomas de éxtasis en los esquizofrénicos, que no presentan sufrimiento pero sí anormalidad en su comportamiento.

Otras dimensiones

Existen otras dimensiones que pueden ser útiles para juzgar la anormalidad como la incomodidad a terceros. Por ejemplo, al formar parte de una sociedad, los seres humanos tienen la necesidad de funcionar en un entorno comunitario, expresándose como hostiles, intrigantes, evasivos o saboteadores, lo que origina problemas y malestar en el grupo social con el que conviven.

Otra dimensión a tomar en cuenta es la relación entre pobreza y enfermedad mental, expresada en muchos casos de drogadicción, alcoholismo, delincuencia y suicidio. Esta dimensión no puede descartarse, debido a que la condición de carencia económica determina, en gran medida, la dificultad para recibir atención médica adecuada, con la cual dar solución a malestares de los individuos que con una atención eficaz podrían tener una mejor rehabilitación o adaptación a su entorno. No obstante, este criterio debe relacionarse con la cultura y la sociedad en que viven los individuos: no es lo mismo el suicidio de una persona que vive como vagabundo y ha desarrollado síntomas psicóticos, que el de una persona que, siendo un ejecutivo exitoso, ha perdido la presidencia de la empresa y cree que su vida ha terminado.

En el Cuadro 1.2 se encuentra el resumen de criterios para establecer si existe anormalidad y en qué grado.

Cuadro 1.2 Criterios para evaluar la presencia de anormalidad

1. *Criterio de desviación del término medio:* Todo comportamiento que sea diferente de lo que la mayoría realiza o que está fuera del comportamiento promedio.

2. *Criterio de desadaptación:* La incapacidad para no comportarse como la sociedad espera de una persona; respuesta o actuación inadecuadas ante las situaciones que hay que enfrentar.

3. *Criterio de riesgo:* El comportamiento manifestado provoca un riesgo para el propio individuo y/o para otros.

4. *Criterio de deterioro:* Cuando se ve afectada la funcionalidad de alguna de las esferas de un individuo, que no sólo atienden a la opinión de la persona afectada o la de sus familiares, sino también a la opinión clínica del especialista.

5. *Criterio de ansiedad:* Cuando la ansiedad limita la capacidad de percepción de una persona o perturba su pensamiento y altera su ejecución en las actividades cotidianas.

6. *Criterio de sufrimiento:* Cuando el sufrimiento ha sobrepasado la capacidad para poder manejarlo y controlarlo, así como cuando se convierte en un obstáculo para poder funcionar apropiadamente en las situaciones de vida del individuo.

7. *Otros criterios:* Cuando existe incomodidad a terceros, adicciones, así como incapacidad para rehabilitarse o recibir atención médica.

ELEMENTOS DE LA ANORMALIDAD

Una vez que se establece que existe anormalidad, es importante analizar los elementos que la expresan con el fin de poder evaluar su grado. Para atender a un comportamiento anormal o patológico, se toma como referencia el comportamiento o conducta del individuo y se consideran los elementos definidos a continuación.

La conciencia de la anormalidad

Cuando la persona es consciente de que algo no está bien o de que su comportamiento o pensamiento no son normales, la posibilidad de alejarse de un trastorno es mayor; de lo contrario, se interpretará como anormal y con menos probabilidades de acercarse a la normalidad. Sin embargo, en algunos casos, como el de las compulsiones, la persona sabe que su comportamiento no tiene razón de ser pero, aunque está consciente de ello, no se encuentra cerca de modificarlo, a menos que tenga asistencia profesional.

La intensidad

El grado de la anomalía es un elemento que debe tomarse en cuenta, ya que determina el deterioro en la persona, así como el diagnóstico por parte del profesional de la salud.

El comienzo

La fecha en que se presentan las primeras manifestaciones resulta fundamental para poder comprender el trastorno o patología, si los hubiera. Estos podrían aparecer en la etapa adulta o desde la niñez, con lo que es posible establecer si dicho comportamiento es permanente o consolidado o fue pasajero. Además, conocer el comienzo contribuye al diagnóstico y el tratamiento.

La duración

Para definir la clasificación o diagnóstico se requiere que la anomalía se haya presentado durante un cierto periodo. Para muchos trastornos, la Asociación Psiquiátrica Americana (APA) considera una presencia de al menos seis meses atrás.

Por ejemplo, puede cumplir con la sintomatología característica de un trastorno de ansiedad, pero sus manifestaciones aparecieron por primera vez hace un mes; por tanto, no puede diagnosticarse todavía como trastorno.

En el trastorno distímico se necesita una duración de dos años para poder clasificarse como una anomalía en el estado de ánimo. Y es que podría presentarse un caso como este: un hombre sufrió la pérdida de un familiar querido, pero sólo hasta la cuarta semana manifiesta tristeza, poca energía y un desánimo general en sus actividades; sin embargo, tomando en cuenta el tiempo de la pérdida, este se considera un comportamiento esperado, al grado de que posteriormente volvió a sus actividades con la funcionalidad requerida.

La periodicidad

Es necesario observar los periodos en que se manifiesta el comportamiento anormal. Lo anterior resulta indispensable para diferenciar un trastorno bipolar o un trastorno ciclotímico, por ejemplo, pues en cada uno de ellos la presentación periódica es diferente.

Así, deben considerarse los ritmos, ya que pueden determinar el curso o tratamiento del comportamiento en cuestión. Los ritmos circadianos tienen que ver con si los síntomas depresivos avanzan o disminuyen durante el día, o si los síntomas del delirium empeoran durante la noche; también hay que contemplar las estaciones del año, pues en el invierno los síntomas depresivos aumentan.

Otros ritmos pueden ser los semanales y los ciclos lunares; por ejemplo, los síntomas mejoran o empeoran los fines de semana o durante la menstruación (siempre y cuando las alteraciones en la misma sean de índole psicológico).

En la siguiente Gráfica se resumen los elementos de la anormalidad, expresados anteriormente.

En la Gráfica 1.1 se aprecian los elementos que expresan la anormalidad para poder evaluar su grado, una vez que se establece su existencia.

Gráfica 1.1 Elementos que integran la anormalidad

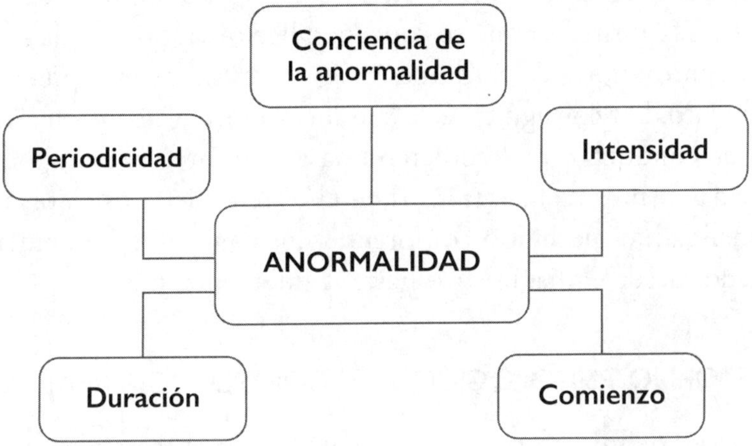

COMPORTAMIENTO ANORMAL

Ya abordados los criterios para establecer la anormalidad y sus elementos, es necesario identificar las manifestaciones de esta en las personas; por ello, la atención se centrará en el comportamiento anormal, como la representación de la alteración en el funcionamiento del individuo, bien sea cognoscitivo, biológico, emocional o conductual.

El comportamiento anormal es precisamente el objeto de estudio del área de la psicología denominada Psicología de la Anormalidad, la cual se enfoca en su etiología, sus consecuencias y su tratamiento.

Si el comportamiento de un individuo causa un malestar significativo, impedimentos en distintas áreas de su vida, deterioro o ausencia de desarrollo de distintos aspectos evolutivos de su ser, se considera merecedor de atención y tratamiento. Según Davison (2002), el comportamiento anormal es aquel que viola las normas sociales, es una amenaza para los demás o produce ansiedad en quienes le observan o con quienes convive.

La etiología y sus manifestaciones de comportamiento anormal son tan variadas que pueden abarcar desde la acción hasta la omisión o desde el pensamiento hasta la palabra. Asimismo, son diversas las perspectivas teóricas para interpretar un comportamiento anormal, las cuales abordaremos en el siguiente capítulo. Su importancia radica en que en la forma en que se conceptualice o se comprenda al comportamiento anormal será la base para su estudio, interpretación y tratamiento. Por consiguiente, la conducta anormal abarca una amplia gama de conductas que requieren una visión integral para poder ser abordadas. Antes de adentrarnos en el terreno de la psicología de la anormalidad, es necesario comprender los conceptos fundamentales utilizados desde el diagnóstico hasta la intervención.

TRASTORNO PSICOLÓGICO Y PSICOPATOLOGÍA

Para poder definir un trastorno psicológico es necesario tener claros y diferenciados los conceptos de enfermedad, síndrome y trastorno. En distintas fuentes de consulta se utilizan los conceptos enfermedad mental, síndrome psíquico o trastorno psicológico como sinónimos, pero lo cierto es que encierran diferencias significativas para ser aplicadas en la práctica.

La *enfermedad* es un proceso y su estatus consecuente de afección en la persona, que altera su estado de salud. La enfermedad debe tener una causa, signo o síntomas identificables o conocidos, así como presentar alteraciones anatómicas persistentes; así, la gripe y la viruela son enfermedades.

El *síndrome* es un conjunto de signos y síntomas de causas desconocidas; también se conceptualiza como la reacción psíquica ante una situación en la que no existe una enfermedad. Por ejemplo, aunque se conoce el origen del Síndrome de Down, se desconocen sus causas; o bien, en el Síndrome de Estocolmo no existe ninguna enfermedad, sino un nivel de tensión emocional que genera un modelo de autoprotección.

El *trastorno* es una descripción de una serie de síntomas, comportamientos o respuestas asociadas a desórdenes o anormalidades mentales.

Por consiguiente, la diferencia entre un síndrome y un trastorno radica en que el síndrome tiene una connotación médica y hace alusión únicamente a la presencia de un conjunto de síntomas, en tanto que el trastorno establece no sólo la presencia de síntomas, sino también una descripción de estos, así como de acciones o comportamientos empleados en la psicología para dar cuenta de la presencia de una anormalidad, tal como sucede en los trastornos de personalidad, en las alteraciones de conducta y en el trastorno obsesivo-compulsivo.

Ahora bien, la diferencia entre trastorno y enfermedad es que esta última tiene una connotación médica, además de presentar una alteración en la salud del individuo aunada a cambios reconocibles en el cuerpo, o bien, una causa biológica conocida, o ambos elementos. En cambio, el trastorno es puramente descriptivo. Se puede tener un trastorno de la conducta alimentaria sin que ello constituya una enfermedad, debido a que no existe una causa biológica conocida. Otra gran diferencia entre enfermedad y trastorno es que en la primera se excluye la responsabilidad de la persona, considerándola como un ser pasivo ante la afección que le aqueja, mientras que en el segundo, se considera que el individuo desempeña un papel activo en su situación.

Por todo lo anterior, el término *trastorno psicológico* es el utilizado para el estudio y el abordaje de la anormalidad por la comunidad científica. El trastorno psicológico implica la interrupción del funcionamiento cognoscitivo, emocional o conductual de una persona relacionada con la angustia o con impedimentos en el funcionamiento, junto con una respuesta que no es típica o esperada en términos culturales (Durand-Barlow, 2010). El trastorno psicológico expresa una alteración en los procesos antes mencionados y atípicos en el grupo social de la persona.

En la práctica, para poder determinar un trastorno psicológico y categorizarlo se usan manuales de diagnóstico de instituciones de salud mental como la APA o la OMS, ya que podría expresarse una conducta anormal y no necesariamente tiene que ser patológica o considerada como un trastorno. Por ello hay estudios de personas que han presentado situaciones, conductas o manifestaciones patológicas similares que han sido clasificadas como algún trastorno.

Las distintas manifestaciones de trastornos psicológicos se basan en investigaciones epidemiológicas de los casos presentados, tomando en cuenta la descripción de la frecuencia con que se presenta dicho trastorno (prevalencia), la cantidad de casos ya existentes y casos nuevos en un periodo de tiempo específico (incidencia) y las características de una persona que la hacen más propensa a desarrollar un padecimiento (factor de riesgo). Los factores de riesgo (Cuadro 1.4) son también útiles en las acciones de prevención y tratamiento. En el Cuadro 1.3 podrá identificar la diferenciación en los conceptos para la práctica clínica.

Cuadro 1.3 Diferenciación de conceptos relacionados con la conducta anormal

Psicología de la anormalidad: Se enfoca en la etiología, la descripción y el tratamiento del comportamiento anormal.

Comportamiento anormal: Es la conducta que causa un malestar significativo, impedimentos en distintas áreas de la vida, deterioro o el no desarrollo de distintos aspectos evolutivos en un individuo. Es el objeto de estudio del área de la psicología denominada psicología de la anormalidad y para algunos autores es sinónimo de trastorno psicológico.

Trastorno psicológico: Es la alteración en los procesos cognoscitivos, afectivos o conductuales de un individuo expresada en una respuesta que no es típica o esperada culturalmente.

Psicopatología: Es el estudio científico de los trastornos psicológicos.

Al estudio científico de los trastornos psicológicos se le denomina psicopatología y en él participan profesionales de la salud como psicólogos, psiquiatras, neurólogos, trabajadores sociales, enfermeros, terapeutas, consejeros e investigadores. Todos ellos ponen en práctica el método científico en su práctica profesional para mejorar o contribuir a la descripción clínica, etiología (causación) y al tratamiento y resultados de los trastornos psicológicos. Y es que al describir un trastorno, es necesario comprender sus causas para así poder tratarlo y obtener los resultados deseados o esperados. Todo esto abarca la psicopatología.

En la Gráfica 1.2 se presentan los factores basados en investigaciones epidemiológicas de casos por parte de la APA.

Gráfica 1.2 Factores que están relacionados con la presencia de trastornos psicológicos (APA)

CONTENIDO APLICADO

El siguiente es un caso práctico que ejemplifica la aplicación de lo que hasta ahora hemos visto sobre el estudio de la anormalidad a situaciones reales.

> Julián es un muchacho de 14 años de edad que cursa el segundo grado de secundaria y que tiene el primer lugar en desempeño y aprovechamiento.
>
> Es llevado por su mamá para que le brinde atención psicológica debido a que siempre ha sido un chico muy preocupado por todo; al hacer su tarea y otras actividades las repite una y otra vez, buscando

que sus trabajos queden lo mejor posible y le angustia que los profesores lo regañen o lo cuestionen. Su mamá comenta que así ha sido desde muy pequeño, pero después de entrar a la secundaria sus preocupaciones y comportamientos de "perfeccionismo" aumentaron.

Lo que los llevó a buscar ayuda psicológica es que desde hace 10 meses Julián se despierta en las madrugadas para revisar las llaves del gas estacionario que está en la azotea de su casa.

Expresa Julián: "Comenzó como una preocupación de que si se quedara el gas abierto durante la noche podríamos asfixiarnos mi familia y yo; por eso me despertaba como a la una de la mañana, subía a revisarlo y lo encontraba cerrado. Después de un tiempo ya no sólo fue una vez sino que me despertaba varias veces y no puedo controlar la idea de que si no lo reviso podría estar abierto y mi familia se asfixiará y morirá por mi culpa y por mi flojera de no levantarme. Sé que mis preocupaciones son exageradas y que tras ir la primera vez ya no va a pasar nada, pero en verdad no puedo controlar la idea de que sería mi culpa si murieran y tengo ir a revisar". Desde hace siete meses se levanta de siete a nueve veces cada noche a revisar el gas. Las pocas horas que duerme han deteriorado su aspecto físico y su salud, pues, pese al poco descanso, sigue invirtiendo mucho tiempo en sus actividades, lo que ha originado ya preocupación en su familia.

Cuadro 1.4 Contenido aplicado al caso de Julián

Criterios para evaluar la presencia de anormalidad
1. **Criterio de desviación del término medio:** Su comportamiento es diferente de lo que la mayoría realiza, ya que en la madrugada debería dormir y no levantarse tantas veces.
1. **Criterio de desadaptación:** Responde o actúa inadecuadamente ante la preocupación de que esté abierto el gas, pues con una sola ocasión que se levante a revisarlo la eliminaría. También podría revisarlo antes de ir a dormir para no levantarse en la madrugada.

2. *Criterio de deterioro:* Se ven afectados su salud y su descanso, ya que con el paso de los meses se han incrementado su comportamiento y su preocupación.

3. *Criterio de ansiedad:* Expresa ansiedad por sentir miedo y ser responsable de que su familia se asfixie por su pereza de no ir a revisar el gas. Esto limita la capacidad de percepción y la perturbación de sus pensamientos altera su ejecución de las actividades cotidianas.

Elementos de la anormalidad

1. *Intensidad:* Es significativa y de gravedad porque ahora Julián muestra deterioro en su salud, afectando otras actividades de su vida.

2. *Inicio:* Se toma en cuenta que por su aparición desde hace 10 meses se consideraría ya como un comportamiento permanente y consolidado y no como pasajero.

3. *Duración:* La APA podría clasificarlo en su manual estadístico ya que su comportamiento ha rebasado los seis meses.

4. *Periodicidad:* Su comportamiento es continuo desde su aparición: a diario se levanta a revisar el gas.

Comportamiento normal

Se le consideraría como un comportamiento anormal debido a que su conducta le causa un malestar significativo y deterioro. Por tanto, podríamos concluir que Julián presenta un trastorno psicológico.

CAPÍTULO 2

PERSPECTIVAS PARA EL ESTUDIO DE LA ANORMALIDAD

El gran descubrimiento de mi generación es que los seres humanos pueden cambiar su vida al cambiar sus actitudes mentales.
William James

La forma de abordar la anormalidad se basa en perspectivas teóricas, las cuales son la referencia para que el profesional de la salud pueda registrar e interpretar el comportamiento. En la actualidad existen teorías que adoptan el abordaje de la anormalidad y de los trastornos psicológicos desde distintas posturas. Ninguna perspectiva por sí sola responde atingentemente a todos los casos clínicos, desde su interpretación de las causas hasta sus métodos de tratamiento. Sin embargo, son indispensables para poder comprender, atender e intervenir en la anormalidad desde su prevención, evolución y tratamiento. En este capítulo abordaremos dichas perspectivas.

PERSPECTIVA BIOLÓGICA

Según la teoría biológica, cuando un individuo manifiesta síntomas de comportamiento anormal se debe a una causa fisiológica o bioquímica. Por ello usamos esta perspectiva cuando nos referimos a enfermedades mentales, síntomas u hospitalizaciones; esto es, cuando la causa probable de la anormalidad sea un desequilibrio hormonal, una deficiencia química o una lesión cerebral o la transmisión genética. Para la perspectiva biológica las perturbaciones en las emociones, el comportamiento y los procesos cognitivos se consideran anormalidades en el funcionamiento del cuerpo (Halgin-Whithbourne, 2009).

Es así que cualquier manifestación de anormalidad tiene su causa y su origen en alguna deficiencia en la biología del ser humano. Para ejemplificar lo anterior, cito el caso del famoso pintor Vincent Van Gogh quien, de acuerdo con los especialistas, padecía un trastorno psicológico denominado esquizofrenia, lo que ocasionó que se cortara una oreja; este también influyó en sus obras motivándolo a aumentar el tamaño de las representaciones y a usar colores más intensos, así como a suicidarse disparándose en el pecho. La explicación que daría la perspectiva biológica para comprender el comportamiento de Van Gogh se basa en la hipótesis dopaminérgica que establece que la responsable sería una excesiva actividad del neurotransmisor llamado dopamina en el líquido cefalorraquídeo. En la aparición de otros síntomas de la esquizofrenia, se trata de implicar a otros neurotransmisores como serotonina, noradrenalina y el ácido gamma aminobuírico (GABA).

Algunos estudios más exponen como causa de la esquizofrenia la disminución de las interneuronas inhibitorias y también la pérdida de dendritas y axones que conectan a las neuronas entre sí, lo que refleja el fracaso de las neuronas piramidales e inhibitorias para formar la conexión sináptica. Existen críticas a esta teoría debido a que en muchos comportamientos anormales no se ha encontrado una causa biológica. Además, el término de enfermedad se atribuye a los individuos que no tienen responsabilidad de sus actos o comportamientos anormales.

Es un hecho que para el psicólogo, psiquiatra o todo profesional de la salud, resulta fundamental entender cómo influyen las funciones orgánicas en los procesos mentales y los comportamientos del ser humano. Desde esta postura, el sistema nervioso es el que determina los comportamientos, los pensamientos y las emociones que trabaja mediante señales originadas por redes neuronales que parten del cerebro y llegan a todo el cuerpo. Debido a ello, la anormalidad está determinada por las funciones del sistema nervioso y endocrino.

Desde la perspectiva biológica es necesario analizar los procesos de nivel biológico, como la sensopercepción, la motricidad, el aprendizaje, la atención, la memoria y el lenguaje. Son distintos los factores biológicos que ejercen influencia sobre la conducta, el pensamiento e incluso los sentimientos, así como ciertos comportamientos influyen en los procesos internos del organismo.

El **sistema nervioso** percibe los cambios que hay en el interior y el exterior del organismo, además de interpretarlos, almacenarlos, coordinarlos, inhibirlos o activar toda estructura corporal con la finalidad de mantener la homeostasis. Las funciones básicas son la sensitiva, la integradora y la motora (Gráfica 2.1).

Gráfica 2.I Representación de las funciones básicas del sistema nervioso

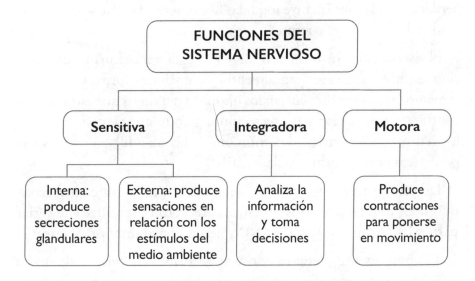

En primer lugar, siente determinados cambios o estímulos, tanto en el interior del organismo (el medio interno, por ejemplo la distensión gástrica o el aumento de acidez en la sangre), como fuera de él (el medio externo), por ejemplo una gota de lluvia que cae en la mano o el perfume de una rosa; esta es la función sensitiva o eferente. En segundo lugar, la información sensitiva se analiza, se almacenan algunos aspectos de ella y se toman decisiones con respecto a la conducta a seguir; esta es la función integradora. Por último, puede responder a los estímulos iniciando contracciones musculares o secreciones glandulares; es la función motora o eferente. Lo anterior se ejemplifica de forma sencilla en el caso de una mujer que escucha la noticia de que su esposo sufrió un accidente y su estado de salud es grave (función sensitiva); juzga el hecho y por su mente pasan pensamientos catastróficos y una oleada de sentimientos en cuestión de segundos (función integradora); por fin, sale corriendo abrumada y llorando en dirección al hospital donde se encuentra el marido (función motora).

Desde la perspectiva biológica, todo comportamiento se podría analizar y describir a partir del estudio y la funcionalidad del sistema nervioso, el cual se divide en el sistema nervioso central, que incluye el cerebro, el tallo cerebral y la medula espinal, y el sistema nervioso periférico (snp), que incluye todas las fibras nerviosas que se extienden desde y hacia todo el cuerpo.

El **sistema nervioso central** (SNC) integra y relaciona la información sensitiva, genera los pensamientos y emociones, forma y almacena la memoria; en él se encuentran los impulsos nerviosos que estimulan la contracción muscular y las secreciones glandulares, y conectan con los receptores sensitivos, los músculos y las glándulas de las zonas periféricas del organismo (Clark, 2012).

Las células nerviosas, llamadas neuronas sensitivas o aferentes, conducen los impulsos nerviosos desde los receptores sensitivos de varias partes del organismo hasta el SNC y acaban en el interior de este.

El componente eferente consiste en células nerviosas llamadas neuronas motoras o eferentes que se originan en el interior del SNC y conducen los impulsos nerviosos desde este hasta los músculos y las glándulas.

En el caso de la mujer que recibe la noticia de que su esposo sufrió un accidente se expresan las reacciones y las respuestas somáticas o corporales, junto con las implicaciones cognitivas y emocionales que conlleva.

El SNC (Gráfica 2.2) está constituido por la médula espinal y el encéfalo (integrado por el cerebro, el cerebelo y el tallo cerebral). Está protegido por tres membranas denominadas meninges: duramadre (membrana externa), aracnoides (intermedia) y piamadre (externa)

El cerebro es el encargado de organizar las funciones del cuerpo, así como de los procesos cognitivos y perceptuales.

Dichos procesos se obtienen al procesar información que captan los sentidos, así como al codificar e interpretar dicha información. El lenguaje, la memoria, el razonamiento o el aprendizaje se ven influenciados por los procesos antes mencionados.

Gráfica 2.2 Representación del Sistema Nervioso Central (SNC)

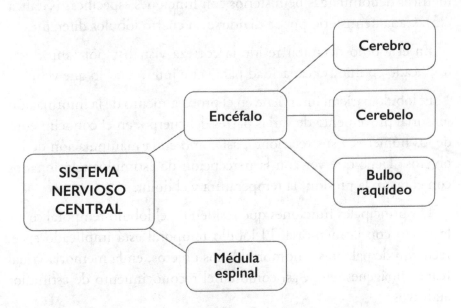

El cerebro está dividido en dos hemisferios: derecho e izquierdo. La organización cerebral es de forma cruzada, es decir, es el proceso en que cada uno de los hemisferios controla un lado específico del cuerpo.

El hemisferio derecho controla el lado izquierdo del cuerpo, mientras que el hemisferio izquierdo controla el lado derecho del cuerpo.

El hemisferio izquierdo es la parte capaz de reconocer grupos de letras formando palabras, y grupos de palabras formando frases, tanto en lo que se refiere al habla, el razonamiento y la escritura como a la numeración, las matemáticas, la habilidad científica y la lógica.

El hemisferio derecho dirige el lado izquierdo del cuerpo, siendo un hemisferio integrador debido a que se encarga del reconocimiento de caras y voces, habilidades espaciales y artísticas, los conceptos abstractos, la expresión de emociones y aspectos no verbales de la comunicación. Concibe las situaciones del pensamiento de una forma total. Integra varios tipos de información (sonidos, imágenes, olores, sensaciones) y los transmite como un todo (Arthur, 1994).

El cerebro humano puede dividirse en dos partes más o menos simétricas denominadas hemisferios con funciones específicas (Gráfica 2.3). Cada hemisferio puede dividirse en cuatro lóbulos diferentes.

En el lóbulo occipital reside la corteza visual y, por tanto, está implicado en nuestra capacidad para ver e interpretar lo que vemos.

El lóbulo parietal interviene en el procesamiento de la información sensorial proveniente de varias partes del cuerpo, en el conocimiento de los números y sus relaciones, así como en la manipulación de los objetos. Tiene que ver con la percepción de estímulos relacionados con el tacto, la presión, la temperatura y el dolor.

Las principales funciones que residen en el lóbulo temporal se relacionan con la memoria. El lóbulo temporal está implicado en el recuerdo de palabras y nombres de los objetos, en la memoria visual (caras, imágenes, etc.), así como en el reconocimiento de estímulos auditivos.

El lóbulo frontal se relaciona con el control de los impulsos, el juicio, el razonamiento, la planificación, la producción del lenguaje, la resolución de problemas, la memoria funcional (de trabajo, de corto plazo), las funciones motoras, el comportamiento sexual, la socialización y la espontaneidad. Los lóbulos frontales asisten en la planificación, la coordinación, el control y la ejecución de las conductas.

Gráfica 2.3 División del cerebro en hemisferios y sus funciones específicas

Hemisferios cerebrales

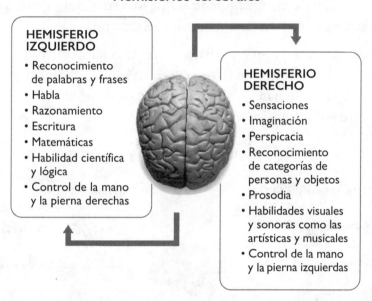

HEMISFERIO IZQUIERDO
- Reconocimiento de palabras y frases
- Habla
- Razonamiento
- Escritura
- Matemáticas
- Habilidad científica y lógica
- Control de la mano y la pierna derechas

HEMISFERIO DERECHO
- Sensaciones
- Imaginación
- Perspicacia
- Reconocimiento de categorías de personas y objetos
- Prosodia
- Habilidades visuales y sonoras como las artísticas y musicales
- Control de la mano y la pierna izquierdas

Gráfica 2.4 Representación de los lóbulos cerebrales y sus funciones

Lóbulos cerebrales

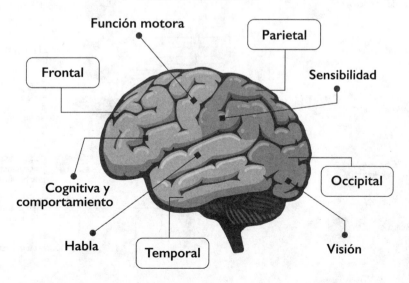

Función motora

Parietal

Frontal

Sensibilidad

Cognitiva y comportamiento

Occipital

Habla

Temporal

Visión

El **sistema nervioso periférico (SNP)** lleva la división simpática y la parasimpática (Gráfica 2.5), que tienen acciones opuestas entre sí.

Los procesos favorecidos por las neuronas simpáticas suelen implicar un gasto de energía, mientras que los estímulos parasimpáticos restablecen y conservan la energía del organismo.

Es decir, en tanto que el sistema nervioso simpático es capaz de activar los mecanismos necesarios para acelerar los latidos cardiacos, el sistema nervioso parasimpático es capaz de desacelerarlos, como en los síntomas de la ansiedad.

Gráfica 2.5 Procesos simpáticos y parasimpáticos

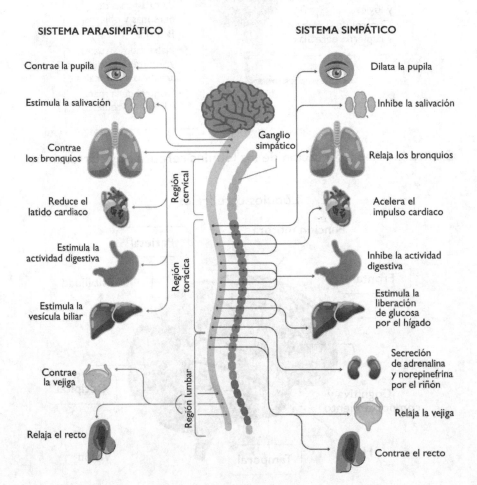

SISTEMA PARASIMPÁTICO · SISTEMA SIMPÁTICO

Contrae la pupila · Dilata la pupila

Estimula la salivación · Inhibe la salivación

Contrae los bronquios · Ganglio simpático · Relaja los bronquios

Reduce el latido cardiaco · Acelera el impulso cardiaco

Estimula la actividad digestiva · Inhibe la actividad digestiva

Estimula la vesícula biliar · Estimula la liberación de glucosa por el hígado

Contrae la vejiga · Secreción de adrenalina y norepinefrina por el riñón

Relaja el recto · Relaja la vejiga

Contrae el recto

Región cervical · Región torácica · Región lumbar

Las **neuronas** o células nerviosas tienen la función de recibir información mediante señales eléctricas y transmitir información de forma química, de neurona a neurona, a lo largo del sistema nervioso. A los puntos de comunicación entre neurona y neurona se les denomina sinapsis. La información puede inhibir o estimular una respuesta. Aunque se habla de puntos de conexión, en realidad lo que ocurre es que se libera una sustancia de una neurona, la cual es captada por otra en un pequeño espacio sináptico. A la sustancia química liberada o captada se le denomina neurotransmisor (Kalat, 2011). Ejemplos de neurotransmisores son la serotonina, que influye en el estado de ánimo, la regulación del deseo sexual, el apetito, la vigilia, la agresividad o la ansiedad; la acetilcolina, implicada en la memoria; la dopamina, que interviene en el control motor y las endorfinas, que contribuyen al bloqueo del dolor, entre otros.

Como se aprecia, los neurotransmisores influyen en el comportamiento, en el estado de ánimo anormal o desadaptativo del ser humano. Es por ello que los fármacos contribuyen de forma química en el proceso de la sinapsis, ya sea al aumentar o bloquear la liberación del neurotransmisor, o bien, al aumentar o bloquear la recepción del neurotransmisor.

Por ejemplo, en la esquizofrenia, el psiquiatra puede medicar el antipsicótico llamado olanzapina que actúa a través de la recepción en neurotransmisores como la serotonina o dopamina. En el Cuadro 2.1 se muestran la función y la localización de algunos neurotransmisores.

Cuadro 2.1 Función y localización de algunos neurotransmisores

Neuro-transmisor	Función	Localización
Acetilcolina	Activa las neuronas que controlan los músculos esqueléticos. También ayuda a regular las actividades relacionadas con la atención, la excitación, el aprendizaje y la memoria.	Neuronas motoras Médula espinal Proscencéfalo basal Interneuronas del cuerpo Sistema nervioso autónomo

Dopamina	Regula las emociones placenteras.	Vía central del cuerpo estriado Sistema límbico Numerosas áreas de la corteza Núcleo arcuato del hipotálamo
Serotonina	Tiene un efecto significativo sobre las emociones, el humor y la ansiedad. También está implicada en la regulación del sueño, la vigilia y la alimentación.	Núcleos del rafe protuberancial Bulbo raquídeo
El ácido gamma aminobutírico (GABA)	Inhibidor que reduce la actividad neuronal, evitando la sobreexcitación que, a su vez, podría conducir a la ansiedad.	En todo el cerebro, pero su mayor concentración está en el cerebelo
Glutamato	Está principalmente relacionado con las funciones, como el aprendizaje y la memoria. Sin embargo, un exceso de glutamato es tóxico para las neuronas.	Por todo el SNC, incluso en células piramidales corticales
Noradrenalina o norepinefrina	Controla la atención, regula el estado de ánimo y la excitación física y mental. El aumento de la secreción de la noradrenalina aumenta el ritmo cardiaco y la presión arterial.	Locus Ceruleus de la protuberancia Bulbo raquídeo Neuronas posganglionares del sistema nervioso simpático
Las endorfinas	Pueden reducir el dolor y el estrés, y promover la calma y la serenidad.	Glándula pineal, en el cerebro

La perspectiva biológica abarca la hipótesis de que el comportamiento anormal puede ejercer influencia desde la concepción, es decir, la influencia genética. El genoma ya contiene información que determina los procesos biológicos del individuo y es heredado por generaciones anteriores. Calderón (1984) comenta que estudios sobre depresión establecen que el riesgo que tienen los familiares de desarrollar el mismo tipo de enfermedad de forma heredada, es del 5% al 25%. Al estudiar los genes, los científicos han identificado su influencia en el comportamiento. Estudios sobre gemelos en distintas partes del mundo establecen bastantes semejanzas, aun si fueron criados en distintos ambientes. En el caso de los trastornos psicológicos existe la hipótesis de que pueden ser ocasionados por genes específicos o también por muchos genes, en el que cada uno va ejerciendo una pequeña influencia en el comportamiento o pensamiento anormales.

En otros estudios, como los realizados por Zubing y Spring en 1979, con su modelo de vulnerabilidad, se demuestra que las personas nacen con una predisposición genética o adquieren una vulnerabilidad a temprana edad.

En la genética existen dos hipótesis que atienden a los resultados obtenidos; la primera se basa en que las personas heredan una vulnerabilidad ante ciertos eventos para desencadenar un trastorno, y la segunda establece que las personas con una predisposición genética para sufrir un trastorno también tienden a crear factores de riesgo ambientales que provocarían que se desarrolle. Por su parte, los estudios de Johnson (2001) establecen que hay etiología genética de un trastorno paterno desadaptado para desarrollar un trastorno psiquiátrico en los hijos.

PERSPECTIVA CONDUCTUAL Y COGNITIVA

En esta postura se conjuntan la perspectiva conductual, que concibe la anormalidad como el resultado de aprendizajes fallidos, y la perspectiva cognitiva, que pone énfasis en los procesos cognitivos como el juicio, el razonamiento, el pensamiento abstracto y concreto, lo que, en consecuencia, genera el constructo de anormalidad o patología. Su combinación permite entender y atender mejor la anormalidad que es causada por procesos de pensamiento, los cuales a su vez llevan a manifestar comportamientos desadaptativos. Para explicar el comportamiento, la perspectiva cognitiva conductual combina los modelos de la teoría del aprendizaje y los del procesamiento de la información, y con ello integra los factores internos y externos del sujeto. Con el fin de comprender el desarrollo y el tratamiento de comportamientos anormales y/o trastornos psicológicos, esta perspectiva pone énfasis en los procesos de aprendizaje y en los modelos que los individuos tienen en su ambiente, así como la forma en que procesan la información.

Los principios para comprender la anormalidad desde la perspectiva conductual se encuentran en el condicionamiento clásico, el condicionamiento operante y el aprendizaje observacional.

Condicionamiento clásico

El condicionamiento clásico, descubierto por Iván Pavlov (1889), postula que las conductas y reacciones emocionales ocurren porque asociamos una respuesta refleja con un estímulo no relacionado. La adquisición de un aprendizaje atiende a elementos como un estímulo incondicionado, una respuesta incondicionada, un estímulo condicionado y una respuesta condicionada. Por ejemplo, la fobia de un médico a extirpar una uña que se produjo por la asociación de los estímulos.

En este caso, el estímulo condicionado, que es neutro, debe preceder al estímulo incondicionado; es decir, al ver la uña, el médico siente un miedo incontrolable que asoció con la situación en la que, de pequeño, se lastimó una uña del dedo y su mamá se puso pálida, presentó dificultad para respirar y se desmayó. Esto causó en el futuro médico una intensa sensación desagradable e incertidumbre (miedo) de que su madre fuera a morir por su culpa.

Por ello, cuando tiene que realizar una extirpación de uña percibe un temor irracional. Aquí intervienen varios elementos como la generalización, en el que se evoca la respuesta ante un estímulo similar, es decir, que generaliza su miedo a cualquier extirpación de uña, aunque no sea la suya. Además, carece de discriminación porque no puede diferenciar entre dos estímulos que tienen características similares pero que son diferentes en esencia.

Condicionamiento operante

Por otro lado, existe otra forma de ver la anormalidad: el condicionamiento operante, de la teoría de F. Skinner (1938), establece que las conductas anormales son aprendidas por medio del reforzamiento. El condicionamiento establece que ante un estímulo habrá una respuesta y para que esta se siga dando, tendrá que reforzarse. En el caso del médico antes citado, el estímulo es la extirpación de la uña y la respuesta son las manifestaciones de huida y desesperación.

Esa conducta es reforzada, es decir, obtiene una recompensa o gratificación, lo que provoca que ese comportamiento se repita cada vez que se presenta dicho estímulo; por ejemplo, siempre que un compañero realice la extirpación en vez de él. *Reforzar* significa *fortalecer* y existen reforzadores primarios que son los que satisfacen una necesidad biológica, como el hambre, la sed, el sexo y el alivio del dolor. Los reforzadores secundarios son todos aquellos que no entran en la categoría anterior, como el dinero. Su aplicación luego de una respuesta, incrementa o mantiene una conducta. Así, para el condicionamiento operante, al reforzar las conductas de anormalidad estas se consolidan.

A su vez, la aplicación de reforzadores puede ser de tipo positivo o negativo. En el primero se repite la conducta anormal porque produce una recompensa, y en el segundo, existe una eliminación del estímulo desagradable. Es importante diferenciar entre un reforzador negativo y un castigo, ya que todo reforzador tiene la finalidad de incrementar un comportamiento, mientras que en el castigo se trata de disminuirlo. Por eso es que no funciona aplicar un castigo cuando se quiere que un individuo aprenda o adquiera un comportamiento, pues este no se dará. Tal es el caso del padre que le pega a su hijo para que haga la tarea; el resultado será que no se conseguirá esa conducta, ya que está aplicando un castigo y lo que debería aplicar es un reforzador. En cambio, cuando se quiere disminuir la frecuencia de un comportamiento sí se debe presentar un estímulo negativo, esto es, el castigo.

El condicionamiento clásico y el condicionamiento operante basan sus principios en el aprendizaje; aunque lo hacen desde una concepción distinta, ambos aportan la comprensión y adquisición de todo comportamiento.

En el Cuadro 2.2 se muestra la aplicación del condicionamiento clásico y operante, así como sus conceptos principales para diferenciar la forma en que comprenden la adquisición de comportamientos.

Cuadro 2.2 Comparación entre condicionamiento
clásico y operante

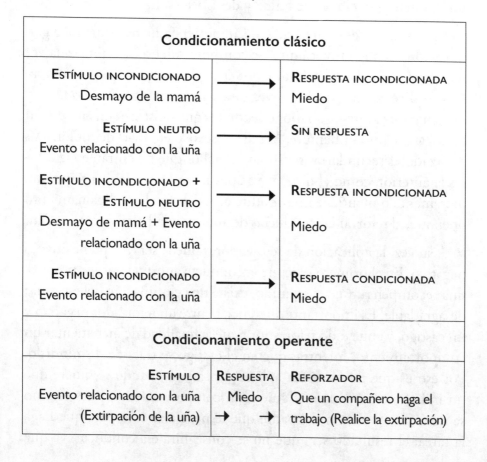

Conceptos
Condicionamiento clásico
• Estímulo incondicionado (**EI**): Todo aquello que genera automáticamente una respuesta.   • Respuesta incondicionada (**RI**): Es la generada automáticamente por un estímulo.   • Estímulo neutro (**EN**): No provoca ningún tipo de respuesta.   • Estímulo condicionado (**EC**): Produce una respuesta que originalmente no le corresponde.   • Respuesta incondicionada (**RI**): Suscitada por un estímulo no asociado de manera natural.
Condicionamiento operante
• Estímulo: Todo aquello que genera una respuesta.   • Respuesta operante: es la conducta que opera en un ambiente especifico y produce consecuencias específicas.   • Reforzador: Aquello que provoca que se repita nuevamente la conducta o respuesta.

Se llama extinción a la reducción de cualquier comportamiento hasta el grado de que ya no se presente en presencia de reforzadores. En el caso del médico, que ya no presente conductas de retirada y miedo al saber que tendrá que extirpar una uña.

Para conseguir esto pueden aplicarse programas de moldeamiento, que implica reforzar comportamientos con pasos sucesivos hasta llegar al comportamiento deseado. Como su nombre lo dice, se trata de moldear comportamientos paso a paso, así como programas de desensibilización sistemática. En el caso del médico sería eficaz; podría presentarle en forma gradual lo que implica la extirpación de la uña, con el fin de poder extinguir su miedo, probando la realidad y comprobando que nada malo sucederá. A este trabajo desarrollado por Eysenck, Raciman y Wolpe (1952-1960) se le denomina terapia conductual.

Aprendizaje observacional

Otro principio conductual es el aprendizaje observacional (modelaje), que consiste en adquirir comportamientos imitando el comportamiento de otras personas; es decir, es un modelo a seguir. Albert Bandura (1974) establece que todo comportamiento aprendido se da mediante la observación.

Él estudió la agresión en adolescentes y concluyó que ante la conducta anormal es posible adquirir nuevos aprendizajes y modificar esta conducta por medio del modelado que contiene pasos a seguir: la atención, la retención, la reproducción y la motivación.

En el caso de la motivación, habla de refuerzo o castigo, ya sea del tipo de experiencia, prometidos o vicarios. A su vez, llama *autorregulación* al hecho de que el individuo controle su propio comportamiento. En el aprendizaje observacional las conductas son aprendidas por medio de la observación de otros, lo cual involucra procesos cognitivos.

Este tipo de aprendizaje no necesariamente depende de la experiencia directa con las contingencias ambientales, sino también de la observación de la experiencia de otros organismos con esas contingencias ambientales. Por ejemplo, en experimentos con monos, relacionados con el aprendizaje observacional de las fobias (Mineka, 1984), se consiguió generar una fobia a las serpientes exponiéndolos a un video en el que otro mono manifestaba una reacción de miedo.

En la Gráfica 2.6 se representan los cuatro pasos del proceso propuesto por Albert Bandura para la adquisición de un comportamiento aprendido.

Gráfica 2.6 Procesos del aprendizaje observacional

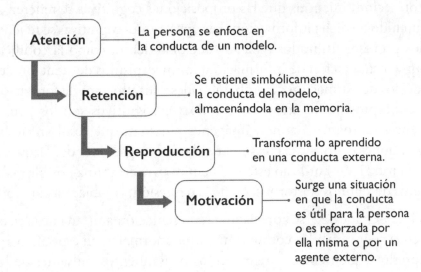

Otros autores, como Thorndike, establecen que el aprendizaje de comportamientos es el resultado de conexiones entre estímulo y respuesta que al ser fortalecidas cada vez, generaban un estado satisfactorio para el organismo.

Perspectiva cognitiva

Por su parte, la perspectiva cognitiva da importancia a los pensamientos como génesis de los comportamientos anormales. Plantea que las cogniciones son las causas del comportamiento anormal o de un trastorno, en el que cognición, conducta y emociones están interconectadas y retroalimentadas.

Para abordar la anormalidad es necesario comprender los principios de todo proceso cognitivo: esquema, proceso y productos cognitivos.

Frederick Bartlett (1932) considera el esquema como una organización activa de reacciones y experiencias pasadas. El esquema es el responsable de los mecanismos que guían la atención selectiva y la percepción (Neisser, 1967). A su vez, para Ingram, el esquema se refiere a la estructura y las proposiciones cognitivas. La estructura cognitiva supone la manera como se organiza y almacena internamente la información, mientras que las proposiciones cognitivas se refieren al contenido de dicha información. Las operaciones cognitivas se refieren a los procesos utilizados para su funcionamiento, como la codificación y recuperación de información, los mecanismos de atención, los procesos de estimación de probabilidades y los procesos de formación de conceptos, entre otros. Los productos cognitivos son los pensamientos, autoafirmaciones, imágenes y demás, que resultan de las operaciones cognitivas. Por su parte, las investigaciones de Vázquez y Cameron (1997) utilizan estos principios para crear una posible taxonomía de algunos trastornos, como la depresión, la fobia y la paranoia.

En la Gráfica 2.7 se aprecia una representación aplicada de la perspectiva cognitiva a los comportamientos anormales, en específico a la depresión, que tiene su origen en los pensamientos causantes de los trastornos (Vázquez y Cameron, 1997).

Gráfica 2.7 Principios que explican la depresión (Vázquez y Cameron)

Las teorías cognitivas establecen que el individuo participa activamente en su medio, juzgando, evaluando, interpretando eventos, estímulos o sensaciones y aprendiendo de sus propias respuestas. Aarón Beck (1976) es uno de los principales representantes de este enfoque, con sus aportaciones respecto a los trastornos de depresión. Según Beck, los pacientes depresivos se caracterizan por sus operaciones cognitivas de forma particular, a las que llama procesamiento automático; es decir, el sujeto no elige atender cierta información y pasar por alto otra. Beck establece que el denominador común de los trastornos son los pensamientos automáticos que provocan en la persona conflictos y desalientos. Un síntoma de psicopatología aparece porque los esquemas cognitivos son desadaptados debido a errores en el procesamiento de la información.

Así, una de las técnicas más utilizadas desde la perspectiva cognitiva en el tratamiento de los trastornos psicológicos es la reestructuración cognitiva (Ellis, 1989). Esta técnica de autoayuda tiene la finalidad de eliminar reacciones emocionales no deseadas, no solamente las situaciones o acontecimientos que causan enfado, ansiedad, sino también los pensamientos que tenemos sobre tales eventos. Es decir, se establece una relación entre el acontecimiento, lo que se piensa acerca de él y la emoción como resultado de los dos anteriores. Desde esta perspectiva, al modificar nuestras creencias o actitudes logramos que las conductas que emitamos sean las adecuadas. Por ello, es básico identificar en qué momento y en qué situación tenemos el pensamiento negativo; por ejemplo, una afirmación de rechazo ante la solicitud de un muchacho hacia su padre sobre la elección de su carrera. Como se podrá observar, los pensamientos del individuo tienen un papel central en el desarrollo de las conductas anormales y, desde la base cognitiva, los pensamientos automáticos suelen llevar a reacciones emocionales inadecuadas.

Psicología de los constructos personales

Otra aportación para el entendimiento de la anormalidad es la de la psicología de los constructos personales. George Kelly (1955) estableció la visión de la psicopatología, que expresa que una persona no es víctima de la realidad, sino de su construcción de realidad. Para Kelly, siempre existe una forma alternativa de construir la realidad. El sufrimiento humano sobreviene a menudo porque los constructos del individuo no son adecuados para anticipar la realidad y es necesario sustituirlos por otros más útiles. Derivado del ciclo de la experiencia, vivir satisfactoriamente implica responder con eficacia al flujo continuo de información generada por las interacciones en situaciones específicas. La patología considerada desde este punto de vista es más producto de una cuestión de incapacidad del sistema de construcción de la persona para acomodarse a los acontecimientos con los que se enfrenta (Neimeyer y Feixas, 1989).

Kelly se refiere a que un trastorno psicológico es cualquier construcción personal que se use de forma repetitiva, a pesar de su consistente invalidación. Los comportamientos y pensamientos sobre la neurosis, la depresión, la paranoia, la esquizofrenia, etc., son todos buenos ejemplos, al igual que los patrones de violencia, fanatismo, criminalidad, avaricia, adicción y demás. La persona llega a un punto donde no puede anticipar de "buena manera" ni tampoco puede conseguir nuevas vías de relacionarse con el mundo. Está cargada de ansiedad y hostilidad; es infeliz y también provoca infelicidad a los demás.

Gráfica 2.8 Ciclo de experiencia de George Kelly

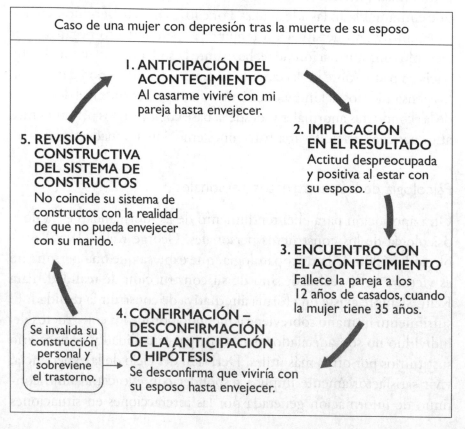

Caso de una mujer con depresión tras la muerte de su esposo

1. ANTICIPACIÓN DEL ACONTECIMIENTO
Al casarme viviré con mi pareja hasta envejecer.

2. IMPLICACIÓN EN EL RESULTADO
Actitud despreocupada y positiva al estar con su esposo.

3. ENCUENTRO CON EL ACONTECIMIENTO
Fallece la pareja a los 12 años de casados, cuando la mujer tiene 35 años.

4. CONFIRMACIÓN – DESCONFIRMACIÓN DE LA ANTICIPACIÓN O HIPÓTESIS
Se desconfirma que viviría con su esposo hasta envejecer.

5. REVISIÓN CONSTRUCTIVA DEL SISTEMA DE CONSTRUCTOS
No coincide su sistema de constructos con la realidad de que no pueda envejecer con su marido.

Se invalida su construcción personal y sobreviene el trastorno.

Si el problema de la persona radica en una construcción pobre, entonces la solución sería una reconstrucción, término que Kelly estuvo a punto de utilizar para llamar a su tipo de terapia. La psicoterapia incluye lograr que los pacientes reconstruyan; que tengan una nueva perspectiva, para así encontrar las oportunidades que los lleven a la elaboración.

La perspectiva de los constructos personales de George Kelly se ve aplicada en la Gráfica 2.8, donde se demuestra un caso de una mujer diagnosticada con depresión tras la muerte de su esposo.

Terapia Cognitivo Conductual (TCC)

La integración de las perspectivas cognitivas y conductuales se puede ejemplificar en la denominada **Terapia Cognitivo Conductual (TCC)**, que se centra en los síntomas y en su resolución; busca aumentar o reducir conductas específicas y eliminar distorsiones cognitivas; está orientada al presente, debido a que no busca la génesis de la anormalidad, poniendo énfasis en patrones disfuncionales y cogniciones erróneas actuales. La TCC ha demostrado tener gran eficacia en los trastornos psicológicos, ya que las personas muestran disminución de las conductas no deseadas o desadaptativas. El aspecto que destaca en esta intervención terapéutica es la búsqueda de resolución de problemas con base en las cogniciones y los comportamientos adecuados. Según el plan de tratamiento, en cada sesión se revisan las tareas indicadas para la semana, así como la inclusión de tareas entre las sesiones para reforzar lo trabajado en la consulta.

Una de las técnicas que también se utilizan en todo plan de tratamiento, o en la mayoría de ellos, es la del entrenamiento en "Relajación Muscular Progresiva de Jacobson" (Bernstein y Borkovec, 1983), que permite diferenciar los estados de tensión o relajación. Y es que el tratamiento es más efectivo, o se cumple con las metas, cuando el cliente practica la relajación, ya que incluye diferentes grupos musculares.

Otra de las formas de intervención que cabe destacar es la de ABCDE de Ellis. Aquí se trabajan el proceso del pensamiento disfuncional y los pasos que se requieren para modificarlo, comenzando con el acontecimiento activador (A), seguido del sistema de creencias (B), las creencias (C), la discusión (D), para terminar con los efectos (E), sean estos emocionales, cognitivos o conductuales.

Las formas de intervención manifestadas anteriormente tienen una relación entre la actitud disfuncional, la experiencia, el pensamiento automático y la emoción negativa, lo que resulta en comportamientos desadaptativos o anormales.

El entrenamiento asertivo es otra forma de modificar el resultado de los pensamientos irracionales, ya que se reestructuran escenas y se modelan y llevan a cabo ensayos conductuales hasta lograr acciones o decisiones asertivas.

La perspectiva cognitivo conductual tiene una gama de técnicas para poder atender los trastornos psicológicos. También se cuenta con la técnica del manejo de contingencias, la sobrecorrección, el costo de respuesta y la técnica de economía de fichas, que es la que más se utiliza en niños y adolescentes.

Perspectiva humanista

La perspectiva humanista establece que es insuficiente la patología como taxonomía, y no da respuesta de solución a las personas sobre lo que les acontece en su vida. Más que una patología, es la insatisfacción de las personas y su desconocimiento del significado de la vida. Establece que toda persona tiene la motivación interna de entender al mundo, y a la vez desarrollar su potencial para así poder sentirse plena y desarrollada.

Gordon Allport (1971) sostiene que la personalidad tiene como uno de sus elementos la funcional propia perseverante, la cual incluye actos repetitivos que dañan a la propia persona, como sucede —por ejemplo— con las adicciones. Su teoría establece que el propio individuo debe descubrir los rasgos o disposiciones personales que representan focos virtuales en su organización personal; es decir, se busca en la persona lo sano y no lo enfermo.

Teoría de Abraham Maslow

La teoría de Abraham Maslow (1950) establece que cada individuo tiene dentro de sí mismo recursos suficientes que pueden ser movilizados hacia la autorrealización. Maslow define la autorrealización como la experimentación plena de la vida. Basado en las necesidades, considera que el hombre se realiza cuando sus necesidades prioritarias han sido satisfechas; descubre lo que la persona es, lo que puede llegar a ser, y que alcanzará esa plenitud, pasando por la superación de las necesidades ordenadas jerárquicamente: fisiológicas, de seguridad, de amor y de estima, hasta llegar a la autorrealización. De acuerdo con esta teoría, la persona puede presentar motivación al crecimiento o al logro de dichas necesidades o, en su defecto, una motivación deficitaria que derivará en la insatisfacción de las mismas. Las personas autorrealizadas son precisas en sus percepciones y encuentran placer y agrado en sus actividades cotidianas, llevando a cada momento la experiencia máxima de vivir alcanzando la felicidad. La insatisfacción de las necesidades conlleva a la enfermedad, debido a que si el individuo se encuentra dominado por esa necesidad insatisfecha, todo su comportamiento se dirige a esa insatisfacción o a esa búsqueda de satisfacerla. Maslow toma como base de las necesidades a las fisiológicas, ya que aunque una persona carezca de todo lo que necesita, lo primero que tendrá que buscar satisfacer son las fisiológicas.

Las *necesidades fisiológicas* se expresan en la alimentación, el descanso, el sexo y la homeostasis. Según Maslow, si la persona está dominada por estas necesidades, todas las demás desaparecen. Al tenerlas relativamente satisfechas, surgirá en ella un conjunto de necesidades que categoriza como *necesidades de seguridad*, en las que se incluyen la seguridad, la estabilidad, la confianza y la protección. La no satisfacción de este conjunto de necesidades provoca temor, ansiedad, caos, el no cumplimiento del orden y la ley, y la transgresión de límites. Después surgirán las *necesidades de pertenencia, afecto y amor*; obviamente, quien presenta este tipo de necesidades es porque ya logró satisfacer las de seguridad. Maslow es claro al manifestar que la frustración en la consecución de las necesidades de pertenencia, afecto o amor provoca un desajuste social y una patología severa. En el siguiente nivel se encuentran las *necesidades de estima*, expresadas con logro, confianza en sí mismo, competencia, independencia, reconocimiento y capacidad de adecuación; por ello, la insatisfacción de las mismas activa los comportamientos compensatorios en la persona, manifestados con sentimientos de inferioridad, debilidad e impotencia.

En la Gráfica 2.9 se visualiza la Teoría de Maslow; la insatisfacción de las necesidades conlleva a la enfermedad

Gráfica 2.9 Teoría de Abraham Maslow

Teoría centrada en el cliente

La teoría centrada en el cliente de Carl Rogers (1978) establece que cada individuo tiene potencialidades y la capacidad para manejar en forma constructiva todos los aspectos de su vida. Sostiene que todo ser humano tiene la tendencia innata a la actualización, que se expresa en su desarrollo progresivo y constante. Si al ser humano se le presentan condiciones adecuadas, puede ampliar sus capacidades. Para Rogers, el Self (concepto de sí mismo) se esfuerza para lograr la actualización, que es la tendencia y el desarrollo de sus potencialidades. El Self desarrollará crecimiento, actualización y congruencia. La congruencia está relacionada con sus potencialidades, entre lo que es hoy y lo que puede llegar a ser. Es así que la enfermedad mental existe cuando hay incongruencia entre el Self del individuo y la experiencia. La persona debe desarrollar un Self ideal, que es al que se debe alcanzar; por consiguiente, la distancia que existe entre el Self real y el Self ideal desemboca en la incongruencia. Para Rogers, la incongruencia es la neurosis que define como la falta de sintonía del Self en la persona. Toda situación de incongruencia entre la propia imagen y la experiencia inmediata provoca una situación amenazadora.

Según Rogers, cuando experimentamos una situación amenazante se ponen en marcha mecanismos de defensa, que son la negación y/o la distorsión perceptiva. En la primera se mantiene alejado de nuestra conciencia un recuerdo o impulso que evite nuestro progreso, y en la segunda se reinterpreta la situación para que sea menos amenazante. A medida que utilizamos más defensas, la distancia entre lo real y lo ideal se va haciendo cada vez más incongruente. La persona se encuentra en un estado de Fijeza, que comúnmente se describe como neurótico. En este estado, los sentimientos y los significados personales no se admiten ni se reconocen como propios, y la persona tampoco reconoce los problemas que sufre ni alberga el deseo de cambiar.

Rogers afirma que el ser humano es positivo por naturaleza y requiere respeto en cuanto a sus aspiraciones de superación. Es por ello que en su forma terapéutica está contraindicado que el psicoterapeuta realice un diagnóstico o interpretación, ya que este atenta contra las posibilidades de la persona y contra su tendencia a la actualización. La palabra paciente es sustituida por cliente, ya que el primero denota pasividad y enfermedad, mientras que en el segundo, la persona participa de manera responsable en su proceso terapéutico. Asimismo, en el lenguaje rogeriano se descartan los términos enfermo, curación y diagnóstico, porque connotan dependencia y limitación.

En cuanto al proceso psicoterapéutico, Rogers planteaba lo siguiente: "Digamos, de entrada, que no existe una distinción precisa entre el proceso y los resultados de la terapia. Las características del proceso corresponden, de hecho, a elementos diferenciados de los resultados" (Rogers y Kinget, 2013). Existen tres condiciones en las que la relación terapéutica entre terapeuta y cliente son importantes para que este ponga en marcha su tendencia actualizante. En primer lugar está la aceptación y la consideración incondicionalmente positiva de la persona en busca de ayuda. La segunda condición es la empatía centrada en la persona, siendo la capacidad del terapeuta de entrar en el mundo del cliente y de comprender con exactitud sus vivencias, y por último, la condición de la autenticidad del terapeuta, las que permitirán un diálogo sincero y constructivo.

El proceso de convertirse en persona en Rogers parte de la denominada Fijeza, que es el estado neurótico. Para comenzar su proceso de actualización, la persona deberá vivir la experiencia de ser plenamente aceptada. Entonces se dará cuenta de que son innecesarios los patrones de comportamiento que ha desarrollado para enfrentar al mundo hostil y condicionante en que se desenvuelve cotidianamente. Rogers considera que después ocurre el desarrollo de la expresión verbal más allá de los lugares comunes, que permitirá a la persona expresarse con más propiedad conforme a su vivencia para cuestionar los valores y las creencias que la han llevado a un estado de permanente insatisfacción, y le permitirá ver las cosas de forma distinta, así como explorar nuevas formas de comportamiento.

Según la Teoría de Carl Rogers, la enfermedad mental se desarrolla porque hay una incongruencia entre el Self del individuo y su experiencia (Gráfica 2.10).

Gráfica 2.10 Teoría de Carl Rogers

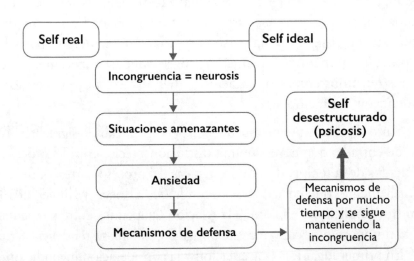

Perspectiva multidimensional

Las perspectivas antes presentadas se denominan unidimensionales, debido a que comprenden y explican sólo desde una postura o atienden a una única forma de comprender la anormalidad. En cambio, la perspectiva multidimensional presenta una forma de entender la anormalidad en los individuos partiendo desde una visión sistémica, en la que el estudio de los trastornos psicológicos no debe verse de manera privada sino como una interacción desde distintas perspectivas para alcanzar una explicación completa. La perspectiva multidimensional plantea que el comportamiento anormal es resultado de distintas influencias. Es por ello que retoma las distintas perspectivas del entendimiento de la patología de forma integral y coherente. Las perspectivas que atiende parten de las influencias biológicas, las influencias sociales, las influencias conductuales y las influencias emocionales y cognoscitivas.

Influencias biológicas

Se establece que las personas ya nacen con una vulnerabilidad biológica y que los procesos bioquímicos manifestados en nuestro sistema nervioso son una de las causas que contribuyen al comportamiento anormal. Es decir, ya desde su constitución biológica el individuo viene integrado para ser propenso o desarrollar sintomatología característica de una patología. La vulnerabilidad biológica se conforma por las condiciones orgánicas que aumentan el riesgo de que el individuo desarrolle algún trastorno psicológico, bien sea debido a una herencia genética o desde el proceso de gestación en el individuo, siendo un factor disposicional en el desarrollo del mismo.

Influencias sociales

Desde esta perspectiva, es necesaria la interacción con el entorno para que se manifieste esa vulnerabilidad biológica del individuo; es decir, las aportaciones del medio desde que el individuo nace, así como sus interacciones. Al encontrarse en contacto con otras personas y distintas situaciones, va desarrollando un comportamiento anormal o normal. La sociedad y la cultura influyen en los individuos y llegan a causar estrés o ansiedad, lo que a su vez puede contribuir al desarrollo o a la activación de algún trastorno psicológico. Desde esta perspectiva, el género, el núcleo familiar, las interacciones sociales y la cultura son determinantes en la construcción y adaptación del comportamiento del sujeto a su contexto.

Influencias emocionales

Se plantea también una vulnerabilidad psicológica tanto generalizada como específica, en la que el individuo tiene la tendencia a desconfiar de sí mismo, a sentirse incapaz de afrontar o resolver las situaciones que se presentan en la vida y manifestar una baja autoestima. La vulnerabilidad específica establece que los individuos, debido a experiencias tempranas, desarrollaron o aprendieron a temer a alguna situación, persona u objeto, y aunque en realidad no sea peligroso a lo que le temen, cognitivamente generan una cantidad de sensaciones, emociones y comportamientos ante tal posible amenaza. Los patrones básicos de emociones son diferentes desde sus componentes, que incluyen la conducta, la fisiología y la cognición.

La teoría básica de las emociones establece que cualquier emoción tiene características motoras determinadas y observables a través de la postura, la expresión facial o los gestos; es decir, a través de la comunicación no verbal se puede observar si una persona está enfadada, triste, contenta, etc. Cuando un individuo suprime una respuesta emocional o la expresa de manera desbordada, aumenta la actividad en el sistema nervioso, lo que puede contribuir a desarrollar una patología. Así sucede en los trastornos del estado de ánimo en los que se alternan periodos de excitación y de tristeza.

Desde esta teoría las emociones y los estados de ánimo afectan los procesos cognitivos. Es por ello que cuando una persona se siente feliz, sus pensamientos, ideas, asociaciones e interpretaciones tienden a ser positivas, pero cuando la emoción que predomina es la tristeza o el temor, todo proceso cognitivo será inquietante e intenso e incluso la creatividad y la imaginación para afrontar la situación quedarían restringidas.

Influencias cognitivas

Como ya se estableció, los pensamientos provocan comportamientos y la mayor parte del comportamiento anormal es aprendida o adquirida, por lo que puede modificarse por un comportamiento adaptativo.

Ante una situación estresante la persona podría manifestar capacidades inadecuadas para resolverla, sobre todo cuando los procesos cognitivos, desde la memoria hasta el razonamiento lógico, no dan una respuesta adaptativa requerida por las circunstancias.

Las acciones de almacenaje, recuperación, reconocimiento, comprensión, organización y uso de la información recibida a través de los sentidos, determinan patrones de comportamientos anormales.

Influencias conductuales

La conducta es el resultado de la interacción estímulo-respuesta, así como la forma en que se ha reforzado dicha conducta. Para modificar una conducta, tiene que modificarse también el ambiente en el que esta se desarrolla. Bajo esa influencia, el aprendizaje está ligado con el desarrollo de conductas anormales.

En el caso de toda patología, se establece que tanto los estímulos simples como los complejos se asocian de forma temporal y espacial a un estado de desadaptación, a la vez que los estímulos neutros tienen relación con la situación produciendo un impacto sobre la persona.

La repetición, el reforzamiento, la asociación y la generalización de comportamientos desadaptativos dan como resultado una patología. La aplicación de los principios del aprendizaje es la base para el mantenimiento, la disminución, la extinción o la modificación de todo comportamiento, bien sea normal o anormal.

Como puede observarse, la perspectiva multidimensional abarca distintas visiones para explicar, comprender y atender a la anormalidad. Por ejemplo, en los trastornos del estado de ánimo (como la depresión o la bipolaridad) que afectan a diario el estado emocional de la persona, distintas influencias están presentes en el desarrollo de dicha patología.

La Gráfica 2.11 ejemplifica el proceso de desarrollo de los trastornos del estado de ánimo desde dicha perspectiva. En ella se aprecia que la perspectiva multidimensional incluye las influencias biológicas, sociales, conductuales, emocionales y cognoscitivas para la descripción de un trastorno.

Gráfica 2.11 Explicación desde la perspectiva multidimensional en los trastornos del estado de ánimo

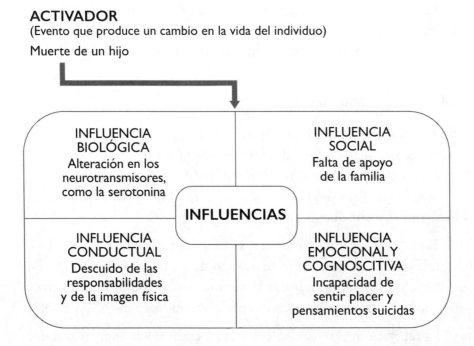

ACTIVADOR
(Evento que produce un cambio en la vida del individuo)
Muerte de un hijo

INFLUENCIA BIOLÓGICA
Alteración en los neurotransmisores, como la serotonina

INFLUENCIA SOCIAL
Falta de apoyo de la familia

INFLUENCIAS

INFLUENCIA CONDUCTUAL
Descuido de las responsabilidades y de la imagen física

INFLUENCIA EMOCIONAL Y COGNOSCITIVA
Incapacidad de sentir placer y pensamientos suicidas

La perspectiva multidimensional contribuye al estudio de la psicopatología para su comprensión y tratamiento de una manera amplia, pues la atiende desde una forma integral al abarcar distintas influencias.

PERSPECTIVA PSICODINÁMICA

Hemos analizado distintas perspectivas que parecerían abarcarlo todo. Sin embargo, ni siquiera la perspectiva multidimensional logra los procesos intrapsíquicos del ser humano. Por ello, aquí se presenta la perspectiva psicodinámica como otra visión para comprender la anormalidad. Esta perspectiva establece que la causa de los trastornos mentales o el comportamiento anormal está determinada por factores inconscientes. El enfoque psicodinámico atiende a procesos internos del ser humano. En 1882, Sigmund Freud, como hombre de ciencia y medicina, se da cuenta de que no sólo los comportamientos anormales son de causa biológica o química. A través de los casos que atiende observa que existe un factor que mueve a esos procesos químico-biológicos. Un ejemplo es el caso de la pseudociesis de Ana O, atendido por él mismo, en el que presenta manifestaciones y cambios corporales propios de un embarazo, sin que estuviera gestando. A partir de esto, comienza una concepción de que existen fuerzas internas que provocan el comportamiento de las personas. Freud habla de que estamos formados por un aparato psíquico que transforma la energía interna en procesos psicológicos, los cuales son referidos en actos o palabras. La descripción de comportamientos y estados mentales, anormales o no, son producto de motivaciones internas.

En un primer postulado, la mente o aparato psíquico[1] tiene una región Inconsciente y otra Consciente (véase la Gráfica 2.14). En el inconsciente se encuentran ideas y afectos reprimidos que no son accesibles a la conciencia, pero que no han sido olvidados. El lector podría pensar que ya ha olvidado muchas cosas de su vida, pero no es así, sólo están reprimidos en el inconsciente, y permanecen ligados a los instintos. Posiblemente el contenido del inconsciente saldrá algún día y la persona buscará la realización de ese deseo. Un ejemplo es el caso en el que, en una reunión familiar, luego una disputa, el

---

[1] Freud denomina a la mente humana "aparato" para subrayar la capacidad que tiene la mente para transformar la energía mental o psíquica, así como la existencia de partes que modulan y controlan dicha energía.

hijo termina matando a su padre. Lo reprimido sale y se consuma en una conducta: el deseo de agresión permanecía de forma latente en el inconsciente, sin que la persona lo supiera o tuviera alguna pista de eso. Aquí es cuando surge la famosa frase "¿qué es lo que he hecho?". Lo inconsciente se hace consciente. Sin embargo, no toda liberación del inconsciente es anormal. Las manifestaciones adaptativas y aceptadas como normales aparecen cuando soñamos, cuando existe un *lapsus linguae*, o cuando contamos chistes. Lo reprimido sale. En el consciente, la persona atiende a los estímulos perceptivos del mundo externo, pero muchas de las condicionantes importantes de la conducta tienen lugar fuera de la consciencia del individuo, sin que este los reconozca. Sin embargo, para algunos autores como Jacques Lacan, el inconsciente no es un lugar de caos e instintos, sino que está estructurado como un lenguaje, en el que tiene un sentido y una organización. Por ello el trabajo del psicoanalista es hacer consciente lo inconsciente en la persona.

Según Sigmund Freud, los comportamientos y estados mentales son el producto de motivaciones internas, generadas por nuestro aparato psíquico (Gráfica 2.12).

Gráfica 2.12 Primer postulado del Aparato Psíquico por Sigmund Freud

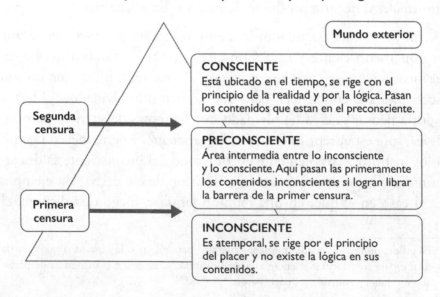

La teoría psicodinámica se refiere a la estructura mental y al funcionamiento de la mente. Freud utilizó el término de *libido* para designar la fuerza por la cual el impulso sexual es representado por la mente. Esta teoría establece que las primeras manifestaciones de la sexualidad surgen en relación con las funciones corporales desde nuestra infancia; de hecho, autores como Karen Horney indican que eso tiene lugar mucho antes. Dentro del desarrollo de una personalidad sana, es normal la aparición de impulsos sexuales que ponen de manifiesto la relación de procesos inconscientes y la conducta.

Por ello se establece que nuestras primeras experiencias de vida son determinantes en la conformación de la personalidad. Al nacer, no sabemos que el pecho que nos da nuestra mamá es un seno, desconocemos que tenemos una madre; es más, desconocemos que somos nosotros mismos. No sabemos que somos personas. La madre puede creer que su bebé de pocos días de nacido le sonríe en respuesta a su propia sonrisa. Pensará que su bebé la reconoce como su madre, cuando en realidad esta situación es causada por las neuronas espejo que tienen una función imitativa.

Lo mismo ocurre cuando el padre lanza a su bebé por el aire y lo atrapa; piensa que a su bebé le gusta que lo lancen por los aires, sin saber que el niño solo está imitando la sonrisa del padre. El segundo postulado del aparato psíquico designado por Freud (Gráfica 2.13) expresa que al nacer solamente se es puro "Id".

En esta parte de la estructura de la personalidad se encuentran las necesidades biológicas traducidas en pulsiones, atendiendo al principio del placer, esto es, un proceso primario que refiere una descarga inmediata del impulso.

Con el paso de las experiencias y los contactos con otras personas, en especial de la madre o de quien lleva a cabo esas funciones, se va formando nuestro "Ego", es decir, nos formamos gradualmente como personas, resaltando que al principio de la vida de todo individuo la madre se convierte en un ego temporal. En ese transcurso generan necesidades sociales traducidas en valores, normas, reglas, que es a lo que se le denomina "Súper Ego", regulando la salida y manifestación de impulsos e instintos. Es así que las experiencias de la niñez son importantes para determinar la conducta adulta ulterior.

Sigmund Freud establece por segunda ocasión en su teoría, la forma en que está conformado el aparato psíquico. Y es que al avanzar en el desarrollo y la aplicación de su teoría en sus pacientes, concluyó que las funciones de esta eran más complejas de lo que había postulado en una primera versión.

Gráfica 2.13 Segundo postulado del Aparato Psíquico por Sigmund Freud

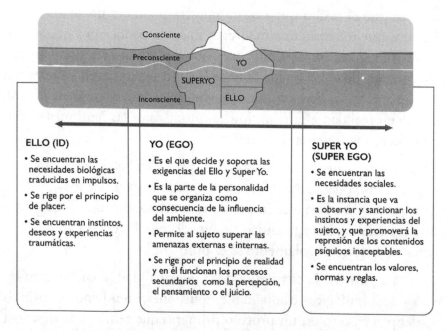

En relación con la anormalidad, existe un conflicto en el individuo, el cual es la representación de una realidad interna, externa e interpersonal de él. Por eso puede considerarse normal a una persona cuando tiene la capacidad de limitar la salida de los productos del inconsciente o del Id, que están más o menos sujetos al control del Ego.

Resulta anormal cuando no se ha podido tener el control, expresándose en síntomas de una patología.

En cuanto al tema de la patología, se desarrollan procesos como la fijación y la regresión. La primera hace referencia a un retorno a una etapa anterior de adaptación y la segunda describe la incapacidad de madurar más allá de una etapa del desarrollo correspondiente; en cualquier caso, nos revela conflictos infantiles sin resolver. Toda persona tiene alguna conducta que es característica de etapas anteriores, pero cuando la fijación o la regresión afectan las motivaciones, las funciones del ego y la consciencia, nos indica patología.

En el adulto, las manifestaciones del impulso sexual, la agresión o la dependencia, más allá de que pueden causar satisfacción, están ligadas a un conflicto psicológico interno que se acompaña de una creciente tensión, expresada en miedo o ansiedad. La ansiedad resulta de un conflicto entre un deseo y un temor inconsciente que podría generar culpabilidad; desde esta perspectiva, la comprensión de la ansiedad es la base para entender cualquier anormalidad en el individuo. Se desarrollan temores inconscientes que podrían ser el temor al fracaso, al rechazo, a la pérdida o a cualquier otra situación que genere culpabilidad y castigo.

Todo individuo tendrá la necesidad de reaccionar ante esta situación; comúnmente se manifiesta en las descargas somáticas que pueden tener lugar si la ansiedad es creciente y llega a desintegrar el Ego. Lo anterior se ilustra en el caso de Karen, una jovencita de 18 años a quien le brindo terapia psicológica. Karen duerme muy poco durante la noche, come poco y ha crecido la intensidad de su frecuencia cardiaca, debido a su preocupación constante porque si no aprueba el examen para ingresar a la Universidad su familia se sentirá decepcionada de ella.

Ahora cree que hay una voz interna que le dice que no intente someterse al examen porque lo va a reprobar. Karen explica que toda su familia trabaja y la apoya para que ella sí tenga estudios universitarios, pues sus hermanas no lo lograron por tener que trabajar para superar las pobres condiciones económicas de la familia.

En este caso se puede ilustrar las manifestaciones de ansiedad: "El paciente que sufre de un estado de ansiedad, no siendo consciente de la naturaleza de la amenaza que origina esta ansiedad, se siente confundido por sus propias reacciones desordenadas. Le parece que sus reacciones se originan sin razón y se inclina a interpretar esta conducta como resultado de algún mal físico desconocido o de estar volviéndose loco" (Bosselman, 1967, p. 10).

Es importante mencionar que muchas personas pueden no presentar ansiedad y sí patología, como ocurre en los fenómenos de conversión y trastornos de personalidad. Los síntomas de una patología son de forma adaptativa y no sólo lo defienden de los deseos prohibidos, sino que también se satisfacen de forma simbólica, y también de un castigo simbólico.

En general, en esta teoría se consideran fundamentales varias funciones para el funcionamiento del Ego, como la relación con la realidad que abarca el sentido, la exploración y la adaptación a la misma. El sentido de la realidad se origina cuando el bebé se da cuenta de manera gradual que tiene otra realidad más que la de su cuerpo; es decir, que existen otras personas y situaciones.

La exploración de la realidad es la capacidad de la valoración y juicio del mundo externo como en la memoria y la percepción. De ahí que su alteración es lo que se conoce actualmente como trastornos mentales. Y es que el desarrollo de valorar la realidad se expresa en distinguir entre atender al principio del placer o el de la realidad,[2] así como distinguir entre fantasía y realidad.

Por ello en los niños no se ha logrado todavía consolidar esta capacidad o tienen algunas regresiones temporales, pues la imaginación y la fantasía son características propias de su desarrollo. En cambio, en los adultos puede haber regresiones momentáneas, como cuando imaginamos o fantaseamos algo desagradable o placentero pero de inmediato volvemos a valorar la realidad al darnos cuenta

---

[2] Para Freud el principio de placer tiene por finalidad evitar el displacer y procurar el placer; por su parte, el principio de realidad logra imponerse como principio regulador en la búsqueda de la satisfacción atendiendo a las condiciones impuestas por el mundo exterior.

de que lo que estamos pensando se encuentra en nuestra mente y no en la realidad misma. En cambio, cuando se da un deterioro hasta derrumbarse la valoración de la realidad se establece la psicopatología en el adulto. La adaptación a la realidad es la capacidad del Ego para utilizar los recursos individuales que den soluciones adecuadas relacionadas con las funciones defensivas del mismo. A esto se le llama mecanismos de defensa.

La personalidad cuenta con los mecanismos de defensa[3] que nos permiten mantener integrado nuestro Ego y, de forma más o menos aceptable, adaptarnos a las circunstancias. Lo anterior puede aplicarse a un hombre que es insultado y humillado por su jefe y reprime su deseo de insultarlo o agredirlo porque podría despedirlo, pero cuando llega a casa y su hijo hace una pequeña travesura, descarga lo reprimido en él. De esta manera, el mecanismo del desplazamiento le ayuda a evitar que la frustración y el coraje le causen más daño.

Las características y manifestaciones de algunos mecanismos de defensa permiten a la persona enfrentar las frustraciones de la realidad y mantenerla lo más adaptada posible a esta (Cuadro 2.3).

Cuadro 2.3 Algunos mecanismos de defensa

I. *Represión:* Va dirigida al material del inconsciente en el que se reprimen deseos, impulsos y afectos inaceptables. Una persona puede expresar que no recuerda bien qué sucedió cuando los asaltaron y violaron a su hija adolescente.
2. *Desplazamiento:* Se refiere a la desviación de una idea u objeto a otro que parece original. El esposo le reclama a su mujer cada vez que ella le grita porque cuando era pequeño su mamá constantemente hacía lo mismo, diciéndole que era un tonto para todo.

---

[3] Son estrategias psicológicas inconscientes para hacer frente a la realidad y mantener organizado el sistema psicodinámico humano al nivel más eficaz posible.

3. **Formación reactiva:** Permite a la persona expresar un impulso inaceptable transformándolo en su opuesto. El odio de un hermano mayor hacia el menor lo puede expresar en un amor y una sobreprotección que le impidan tener sus propios amigos.

4. *Anulación:* Son los intentos de invalidar o cancelar un acto previamente cometido, ya sea de forma real o imaginaria. Como ejemplo tenemos los actos ritualistas de lavar hasta 20 veces un vaso para considerarlo limpio y libre de gérmenes en una persona obsesiva- compulsiva.

5. **Intelectualización:** Es un uso excesivo de procesos intelectuales para evitar la experiencia y ls expresión afectiva. Como sucede con una persona de 20 años a quien le cuesta establecer relaciones con los demás y eso le hace sentir impotencia y expresar que no le importa no tener amigos, pues no los necesita porque los amigos sólo causan problemas y se encuentra mejor solo o sola.

6. *Proyección:* Atribuye sentimientos y deseos porque es incapaz de asumir la responsabilidad de estos sentimientos o deseos. Una jovencita de 15 años manifiesta que su padrastro tiene deseos sexuales hacia ella, cuando en realidad ella es quien tiene esos impulsos hacia el señor.

7. *Regresión:* El Ego vuelve a un estadio o fase anterior de la vida en el que la gratificación y la seguridad reducen la tensión y el conflicto provocados. Un hombre ante problemas laborales decide dedicar su vida al alcoholismo, como muestra de una regresión a la fase donde la gratificación es en la boca, como cuando era un bebé.

La perspectiva psicodinámica pone énfasis entre dos grandes divisiones: lo neurótico y lo psicótico. La diferencia en algunos individuos podría no ser identificable solamente por los criterios de delirio, alucinación y deterioro en las áreas de funcionamiento. En la vida de los seres humanos pueden marcar esa diferencia los mecanismos de defensa en algunas manifestaciones de anormalidad que son más patológicas que sanas. Esto sucede en las expresiones de Aileen Wuornos, la llamada "asesina de la autopista", que fue criada por su abuelo, maltratada y abusada sexualmente por él en muchísimas ocasiones. De adulta sus manifestaciones de agresión y deseo incestuoso hacia su abuelo se desplazaron y proyectaron trabajando como sexoservidora y asesinando a algunos hombres que le recordaban a su abuelo.

Los delirios y las alucinaciones constituyen una deformación en la percepción de la realidad y acompañan a la psicosis, en la cual pueden encontrarse diferentes manifestaciones, como una paranoia o una esquizofrenia.

La formación del Ego durante el desarrollo de la vida tiene el reto de trazar fronteras entre lo inconsciente, lo impulsivo y la realidad. Una estructura de personalidad compleja incluye muchos procesos que le permiten funcionar de forma adaptativa y orientada hacia la realidad. Esto no exenta que todo individuo tenga la probabilidad de cruzar la línea entre lo neurótico y lo psicótico, a pesar de una compleja estructura de personalidad, ya que en la vida se presentan distintos eventos que provocarían desorganización en los procesos psicológicos pudiéndolo llevar a la desintegración del Ego.

En la psicodinámica clásica, dentro de lo neurótico pueden verse las reacciones de ansiedad, de conversión, disociativas, excesivas, compulsivas y las neurótico depresivas, así como en la psicosis se encuentran las reacciones paranoides, las psicóticas depresivas, las maniaco depresivas, las esquizofrénicas y las psicótico involutivas. Algunos desórdenes importantes que no podrían entrar en las clasificaciones anteriores son los desórdenes de la personalidad y los desórdenes cerebrales.

CONTENIDO APLICADO

En el segundo capítulo se han abordado las distintas perspectivas del estudio de la anormalidad y de cómo interpretar y organizar las observaciones sobre el comportamiento. A continuación se expone un caso y las distintas formas de interpretación del mismo según cada perspectiva.

Ana tiene 40 años y fue diagnosticada hace 20 años con esquizofrenia por una institución de salud pública. A los 18 años el novio la dejó plantada en el altar para irse con otra mujer, con la que se mudó a otro estado.

A raíz de esto, cae en una profunda depresión, comenzando con delirios en los que expresa distintos romances y acosos hacia ella por parte de diversos hombres; posteriormente alucinaciones en las que dialoga, intenta convencer o discute con personas o perros que no están presentes en la realidad, para terminar en llanto o risas exageradas.

Actualmente hay pocos momentos en que se mantiene apegada a la realidad; permanece encerrada en un cuarto; su conducta consiste en agredir, desgarrarse la ropa, hacerse del baño en donde sea; repite frases o tiene un lenguaje desorganizado y dificultad para comprender lo que su familia le solicita; en algunas ocasiones se encuentra calmada o con una conducta apática.

Ana es atendida por sus padres, ya mayores de edad, y dos hermanas con muchas carencias económicas, quienes le procuran comida y vestido. Hace ya tiempo dejaron de darle medicamentos porque no vieron ninguna mejoría en ella, y acordaron atenderla en casa de la forma más humana y digna posible. Expresan que fue la desilusión del novio lo que le provocó esto, porque ella tenía muchos deseos de casarse y tener una familia, pues algo similar le pasó a una tía de ella que "fracasó" al abandonarla su marido.

Cuadro 2.4 Resumen del contenido del capítulo aplicado al caso

Perspectiva biológica: En el caso de Ana, esta perspectiva manifiesta la hipótesis dopaminérgica para el desarrollo de la esquizofrenia, provocada por una excesiva actividad de la dopamina en el líquido cefalorraquídeo, la cual sería responsable de algunos síntomas, como los delirios, la alucinación y la agresividad. En la aparición de otros de los síntomas, como la agresividad y la apatía, se trata de implicar a otros neurotransmisores como serotonina, noradrenalina y el GABA.

Existen también estudios que exponen como causas la disminución de las interneuronas inhibitorias y la pérdida de dendritas y axones que conectan a las neuronas entre sí, lo que refleja la incapacidad de las neuronas piramidales e inhibitorias para formar la conexión sináptica. Para su tratamiento se utilizan medicamentos denominados antipsicóticos, como la olanzapina, que sirve para tratar los síntomas de agresividad, la dificultad de interacción con los demás y las deficiencias en el juicio.

Perspectiva cognitivo conductual: Esta perspectiva considera la situación de Ana como el resultado de aprendizajes fallidos y distorsiones en los procesos cognitivos, como el juicio, el razonamiento, y el pensamiento abstracto y concreto. La perspectiva cognitivo conductual se orienta hacia el presente y no hacia lo que provocó la esquizofrenia, poniendo énfasis en los patrones disfuncionales y cogniciones erróneas actuales de Ana. Presta importancia a los síntomas como delirio, alucinación y agresividad que presenta, a la vez que busca reducir conductas específicas, como la agresividad, además de eliminar distorsiones cognitivas como sus delirios y alucinaciones. Se usan técnicas para que Ana aprenda de manera sistemática nuevas habilidades interpersonales y habilidades para el afrontamiento en los delirios y alucinaciones, así como para que trabaje con su familia a fin de disminuir al máximo las relaciones estresantes familiares.

Perspectiva humanista: Para Maslow, lo que le ocurre a Ana se debe a la insatisfacción de sus necesidades, en especial de afecto y amor, lo que provocó su desajuste social y una patología. Según Rogers, se debe al bloqueo de su propio potencial para vivir a toda capacidad (muy posiblemente como esposa y quien atiende a una familia), lo que resulta en un estado de incongruencia. La terapia está encaminada a disminuir los mecanismos de defensa para que las situaciones amenazantes se reduzcan y se propicie la congruencia en Ana.

Perspectiva multidimensional: Retoma las distintas perspectivas para la comprensión de lo que le sucede a Ana de la siguiente forma:

a) El activador es el suceso de vida traumático en el que se frustra su boda y la abandona el novio.

b) La tendencia heredada de desarrollar la enfermedad y las anormalidades de los sistemas de dopamina y de glutamato (factores biológicos).

c) La cultura y la importancia en su familia de casarse y tener una familia (factores sociales).

d) Manifestaciones de agresividad y el habla desorganizada (factores conductuales).

e) Alteraciones de pensamiento y juicio, así como la emoción expresada cuando existen delirios o alucinaciones (factores emocionales y cognoscitivos).

Perspectiva psicodinámica: El exceso de ansiedad provocado por la pérdida de una fuente de satisfacción (la separación con el novio) ha provocado una desintegración plena del Ego. Los impulsos y deseos incestuosos inconscientes sobrepasaron los límites defectuosos del Ego y, debido a que la estructura de personalidad de Ana está plagada de conflictos, miedos y actitudes infantiles, la llevan a una fijación al momento de su boda, poniéndose en marcha los mecanismos de negación e introyección manifestados en los delirios y alucinaciones.

CAPÍTULO 3

CLASIFICACIÓN Y DIAGNÓSTICO

Cualquiera que despierto se comportase como lo hiciera en sueños
sería tomado por loco.
Sigmund Freud

En el campo de la psicopatología la situación del estudio va más allá, debido a que reviste de gran importancia al tratamiento y la intervención. Un aspecto fundamental para poder llevar a cabo un tratamiento eficaz es establecer un diagnóstico. Un buen diagnóstico significa saber con claridad lo que la persona padece y cómo abordarlo, así como identificar y clasificar cualquier condición clínica. Todo profesional de la salud deberá cuestionarse cuál es el problema del paciente, lo cual ha llevado a elaborar sistemas de clasificación, ya que existen similitudes significativas en los síntomas presentados por las personas. Para Sarason y Sarason (2006), la clasificación es la colocación de una condición clínica en una categoría basada en características compartidas, siendo una manera de entender y aprender la experiencia. Las ventajas del diagnóstico y la clasificación son que permiten predecir con mayor eficacia el curso y el resultado de una enfermedad, trastorno o síndrome, así como la proporción de situaciones o aspectos clave que la han causado.

En la actualidad se cuenta con clasificaciones de trastornos mentales; entre las más utilizadas a nivel mundial se encuentran el Manual diagnóstico y estadístico de los trastornos mentales (DSM-5) de la APA (2013) y la Clasificación Internacional de Enfermedades (CIE-10) de la OMS (1992). Cualquiera de estas dos clasificaciones se acompañan de entrevistas y aplicación de pruebas para poder evaluar y establecer un diagnóstico. Todo diagnóstico debe cumplir un proceso que le permita al profesional determinar lo que le ocurre a la persona para poder intervenir en su tratamiento o rehabilitación. La utilización de ambos sistemas de clasificación ofrece una guía y formas de poder entender la anormalidad o la patología, con base en la estadística de los casos presentados hasta la actualidad.

MANUAL DIAGNÓSTICO Y ESTADÍSTICO DE LOS TRASTORNOS MENTALES (DSM)

Elaborado por la American Psychiatric Association, esta publicación contiene una clasificación de los trastornos mentales y proporciona descripciones de las categorías diagnósticas.

Su propósito es que los clínicos y los investigadores de las ciencias de la salud puedan diagnosticar, estudiar e intercambiar información y a la vez tratar los distintos síndromes o los trastornos mentales de manera única o comórbida. Un síndrome es un grupo de síntomas que ya en conjunto describen un trastorno. Para el DSM un trastorno mental es:

> Un síndrome o pauta conductual o psicológica clínicamente significa-
> tiva que ocurre en el individuo y que se asocia con angustia presente o
> discapacidad, deterioro en más de un área de funcionamiento o con un
> aumento significativo del riesgo de sufrir muerte, muerte, dolor, disca-
> pacidad o una pérdida importante de libertad. Además, este síndrome
> o pauta no debe ser sólo una respuesta esperable y sancionada cultural-
> mente a un evento particular (APA, 2000, p. xxxi).

La comorbilidad, concepto acuñado por Fenstein (1970), se refiere a la presencia de uno o más trastornos adicionales al trastorno primario o prevaleciente; también hace referencia a los efectos de estos trastornos o atiende a enfermedades adicionales a las ya existentes.

En el DSM los diagnósticos son clasificados en categorías en función de áreas relevantes de funcionamiento personal. A lo largo de su

historia, sus autores han debatido para poder realizar tal clasificación y en la actualidad existen distintas versiones de este manual diagnóstico.

La versión DSM IV TR

La versión anterior, denominada DSM IV TR, todavía expresaba la utilidad de una evaluación multiaxial, la cual presentaba una forma multidimensional de resumir la información de los pacientes o de cada individuo que recibía atención médica, proporcionando información sobre el contexto en el que se presenta la condición anormal que le llevó a ser atendido. Esta forma multidimensional abarca aspectos biológicos, psicológicos y sociales de la condición del individuo y se describe a través de cinco ejes, abordados a continuación.

Eje I: Trastornos clínicos

En este eje se encuentran la mayoría de los trastornos que incluye este manual; aquí se agrupan los síndromes clínicos y los trastornos de adaptación. Quedan excluidos los trastornos de personalidad y el retraso mental. Los trastornos que se incluyen son:

- Trastornos de inicio en la infancia, la niñez o la adolescencia
- Delirium, demencia, trastornos amnésicos y otros trastornos cognoscitivos
- Trastornos mentales debidos a una enfermedad médica
- Trastornos relacionados con sustancias
- Esquizofrenia y otros trastornos psicóticos
- Trastornos del estado de ánimo
- Trastornos de ansiedad
- Trastornos somatomorfos
- Trastornos facticios
- Trastornos disociativos
- Trastornos sexuales y de la identidad sexual

- Trastornos de la conducta alimentaria
- Trastornos del sueño
- Trastornos del control de los impulsos no clasificados en otros apartados
- Trastornos adaptativos

Eje II: *Trastornos de la personalidad y retraso mental*

Incluye los trastornos desde que empiezan en la niñez y que pueden continuar hasta la edad adulta, señalando también características de la personalidad desadaptada y sus mecanismos de defensa. Los trastornos incluidos en este eje son:

- Trastorno paranoide de la personalidad
- Trastorno de la personalidad por dependencia
- Trastorno esquizoide de la personalidad
- Trastorno obsesivo-compulsivo de la personalidad
- Trastorno esquizotípico de la personalidad
- Trastorno antisocial de la personalidad
- Trastorno de la personalidad no especificado
- Trastorno límite de la personalidad
- Trastorno histriónico de la personalidad
- Trastorno narcicista de la personalidad

Eje III: *Condiciones médicas generales*

El Eje III incluye las enfermedades médicas que son potencialmente relevantes para la comprensión o abordaje del trastorno mental del sujeto y que deberán tomarse en cuenta cuando el profesional elabore un plan de tratamiento del mismo.

Algunas enfermedades que se pueden diagnosticar por medio de este eje son las siguientes:

- Neoplasias

- Enfermedades del sistema nervioso

- Enfermedades del sistema circulatorio

- Enfermedades del sistema respiratorio

- Malformaciones, deformaciones y anomalías cromosómicas congénitas

Eje IV: Problemas psicosociales y ambientales

Se registran eventos o presiones que son de índole psicosocial y ambiental y que pueden afectar el diagnóstico, el tratamiento y el pronóstico de los trastornos mentales (Ejes I y II). En este eje se registran problemas psicosociales o ambientales que pueden constituir un acontecimiento vital negativo, aunque también pueden registrarse aspectos positivos. Los problemas que es posible diagnosticar conforme al eje IV son:

- Problemas relativos al grupo primario de apoyo

- Problemas relativos al ambiente social

- Problemas relativos a la enseñanza

- Problemas laborales

- Problemas de vivienda

- Problemas económicos

- Problemas de acceso a los servicios de asistencia sanitaria

- Problemas relativos a la interacción con el sistema legal o con el crimen

- Otros problemas psicosociales y ambientales

Eje V: Evaluación de la actividad global

El Eje V incluye la opinión del médico acerca del nivel general de actividad del sujeto. Esta información es útil para planear el tratamiento y medir su impacto, así como para predecir la evolución. El registro de la actividad general en el Eje V puede hacerse utilizando la Escala de Evaluación de la Actividad Global (EEAG).

La EEAG puede ser particularmente útil al seguir la evolución del progreso clínico de los sujetos en términos globales, utilizando una medida simple en la que se debe considerar la actividad psicológica, social y laboral a lo largo de un hipotético continuo de salud-enfermedad, excluyendo las alteraciones de la actividad debidas a limitaciones físicas o ambientales.

La EEAG presenta la siguiente división:

- 100-91 Actividad satisfactoria en una amplia gama de actividades, nunca parece superado por los problemas de su vida, es valorado por los demás a causa de sus abundantes cualidades positivas. Sin síntomas.

- 90-81 Síntomas ausentes o mínimos, buena actividad en todas las áreas, interesado e implicado en una amplia gama de actividades, socialmente eficaz, generalmente satisfecho con su vida, sin más preocupaciones o problemas que los cotidianos.

- 80-71 Si existen síntomas, son transitorios y constituyen reacciones esperables ante agentes estresantes psicosociales; sólo hay una ligera alteración de la actividad social, laboral o escolar.

- 70-61 Algunos síntomas leves o alguna dificultad en la actividad social, laboral o escolar, pero en general funciona bastante bien; tiene algunas relaciones interpersonales significativas.

- 60-51 Síntomas moderados o dificultades moderadas en la actividad social, laboral o escolar.

- 50-41 Síntomas graves o cualquier alteración grave de la actividad social, laboral o escolar.

- 40-31 Una alteración de la verificación de la realidad o de la comunicación; o bien, una alteración importante en varias áreas, como el trabajo escolar, las relaciones familiares, el juicio, el pensamiento o el estado de ánimo.

- 30-21 La conducta está considerablemente influida por ideas delirantes o alucinaciones o existe una alteración grave de la comunicación, del juicio, o la incapacidad para funcionar en casi todas las áreas.

- 20-11 Algún peligro de causar lesiones a otros o a sí mismo; ocasionalmente deja de mantener la higiene personal mínima o alteración importante de la comunicación.

- 10-1 Peligro persistente de lesionar gravemente a otros o a sí mismo; o incapacidad persistente para mantener la higiene personal mínima, o acto suicida grave con expectativa manifiesta de muerte.

En el DSM IV TR, para elaborar el diagnóstico, se deben retomar los cinco ejes (evaluación multiaxial) (Cuadro 3.1).

Cuadro 3.1 Evaluación multiaxial en el DSM IV TR

El procedimiento de diagnóstico atiende a una forma multidimensional de analizar la situación de los pacientes realizándose con base en distintos ejes:

Eje I. Trastornos clínicos

Eje II. Trastornos de la personalidad y retraso mental

Eje III. Condiciones médicas generales

Eje IV. Problemas psicosociales y ambientales

Eje V. Evaluación de la actividad global

La versión DSM-5

En la actualidad, la versión vigente es el nombrado DSM 5, publicado en mayo de 2013, que contine cambios en comparación con la edición anterior. Ahora sólo se encuentra organizado en tres secciones, se elimina el sistema multiaxial, se omiten los ejes I, II y III, y se hacen anotaciones separadas para factores psicosociales (antes Eje IV) y funcionalidad (antes Eje V). Para cada trastorno integra los últimos hallazgos en neuroimagen y genética, junto con consideraciones de género y cultura, incluyendo los códigos de la CIE-9-MC y CIE-10-CM para cada trastorno. Su estructura tiene relación con el CIE-11, que se encuentra en desarrollo.

La Sección I está dirigida a proporcionar pautas para el uso clínico y forense del manual.

La Sección II incluye los criterios y códigos diagnósticos de los diferentes trastornos, y considera los ejes I y II del DSM-IV-TR como sigue:

- Trastornos del neurodesarrollo
- Espectro de la esquizofrenia y otros trastornos psicóticos
- Trastornos bipolares y relacionados
- Trastornos depresivos
- Trastornos de ansiedad
- Trastornos obsesivo-compulsivos y relacionados
- Trastornos relacionados con traumas y estresores
- Trastornos disociativos
- Trastornos de síntomas somáticos
- Trastornos de la alimentación y de la conducta alimentaria
- Trastornos de la eliminación
- Trastornos del sueño
- Disfunciones sexuales
- Disforia de género
- Trastornos disruptivos, del control de impulsos y conductuales
- Trastornos adictivos y de consumo de sustancias
- Trastornos neurocognitivos
- Trastornos de la personalidad
- Trastornos parafílicos
- Otros trastornos

La Sección III ofrece la evaluación de los síntomas y la severidad o la frecuencia en las dos últimas semanas de los mismos.

Los síntomas que se abarcan son la depresión, la ira, la manía, la ansiedad, los síntomas somáticos, la ideación suicida, la psicosis, las alteraciones del sueño, la memoria, los pensamientos y conductas repetitivos, la disociación, el funcionamiento de la personalidad y el consumo de drogas.

Cada uno de estos ítems es valorado en una escala de 0 a 4 en función de su menor o mayor gravedad o frecuencia.

Asimismo, la Escala de Evaluación de la discapacidad de la Organización Mundial de la Salud (OMS) se divide en seis áreas: comprensión y comunicación; movilidad y desplazamiento; cuidado personal; relación con otras personas; actividades cotidianas, y participación en la sociedad.

El puntaje va de 1 a 5 en cada una de las áreas, en función de la menor o mayor dificultad que ha tenido el sujeto en los últimos 30 días. En el DSM-5, como en sus ediciones anteriores, se habla de trastornos mentales y no de enfermedades mentales, pues es más una guía de clasificación descriptiva que un manual de psicopatología.

En el Cuadro 3.2 se aprecian los cambios más significativos plasmados en la versión DSM-5 en comparación con el DSM IVTR.

Cuadro 3.2 Algunas modificaciones en el DSM 5 con respecto a la versión anterior

- Se deja de realizar la evaluación multiaxial en los cinco ejes.
- Los trastornos de ansiedad, los trastornos disociativos, el trastorno obsesivo-compulsivo y el trastorno por estrés postraumático se describen en apartados independientes.
- Se incorporan otros trastornos como el trastorno por atracón (personas que comen en exceso más de 12 veces en tres meses), el trastorno de excoriación (rascarse compulsivamente la piel), el

trastorno de acumulación (antes considerado sólo como un síntoma del trastorno obsesivo-compulsivo), el trastorno disfórico premenstrual (una mujer tiene síntomas de depresión graves, irritabilidad y tensión antes de la menstruación) y el trastorno neurocognitivo leve (pérdida de memoria en los ancianos).

- La inclusión del trastorno de estado de ánimo disruptivo y no regulado caracterizada en los niños con irritabilidad persistente y rabietas.

- El autismo y el síndrome de Asperger se encuentran ahora unidos en un mismo trastorno denominado trastorno del espectro autista.

- El trastorno por déficit de atención con hiperactividad también incluye la etapa adulta y ya no sólo es en niños.

- El trastorno depresivo mayor incluye el desorden del comportamiento suicida y autolesión no suicida como sintomatología.

- La transexualidad deja de considerarse un trastorno mental.

CLASIFICACIÓN INTERNACIONAL DE ENFERMEDADES (CIE)

La Clasificación Estadística Internacional de Enfermedades y Problemas Relacionados con la Salud, Décima Revisión (CIE-10) fue respaldada por la Cuadragésima Tercera Asamblea Mundial de la Salud en mayo de 1990 y se empezó a usar en los Estados Miembros de la OMS a partir de 1994.

La CIE-10 determina la clasificación y la codificación de las enfermedades y una amplia variedad de signos, síntomas, hallazgos anormales, denuncias, circunstancias sociales y causas externas de daños y/o enfermedad.

En el capítulo V de la CIE-10 se encuentran los trastornos mentales y del comportamiento en las clasificaciones desde F00 hasta F99, organizados de la siguiente manera:

- Trastornos mentales orgánicos, incluidos los trastornos sintomáticos (F00-F09)

- Trastornos mentales y de comportamiento debidos al consumo de psicotrópicos (F10-F19)

- Esquizofrenia, trastornos esquizotípicos y trastornos delirantes (F20-29)

- Trastornos del humor (afectivos) (F30-39)

- Trastornos neuróticos, trastornos relacionados con el estrés y trastornos somatomorfos (F40-49)

- Síndromes del comportamiento asociados con alteraciones fisiológicas y factores físicos (F50-59)

- Trastornos de la personalidad y del comportamiento en adultos (F60-69)

- Retraso mental (F70-79)

- Trastornos del desarrollo psicológico (F80-89)

- Trastornos emocionales y del comportamiento que aparecen habitualmente en la niñez o en la adolescencia (F90-F98)

La CIE-10 también presenta un modelo multiaxial de diagnóstico desarrollado por la División de Salud Mental de la OMS, pero que es pertinente para todas las ramas de la medicina y la atención a la salud.

El esquema multiaxial de la CIE-10 se divide en los tres ejes que veremos a continuación.

Eje I. Diagnósticos clínicos

Incluye los trastornos mentales y de medicina general. Todos los trastornos identificables en un individuo deben ser listados y codificados de acuerdo con los 20 capítulos de enfermedades que forman parte de la clasificación central de la CIE-10.

Eje II. Discapacidades

Valora las consecuencias de la enfermedad en términos de impedimento en el desempeño de roles sociales básicos. Hay que considerar cuatro facetas mayores: cuidado personal, funcionamiento ocupacional (como trabajador remunerado, estudiante o ama de casa), funcionamiento con la familia (que evalúa tanto la regularidad como la calidad de las interacciones) y comportamiento social en general (interacción con otros individuos y la comunidad en general, así como actividades de tiempo libre).

Eje III. Factores contextuales

Se trata aquí de describir el ambiente en el que emerge la enfermedad en término de dominios ecológicos. Se incluyen problemas relacionados con la familia o grupo primario de apoyo, ambiente social general, educación, empleo, vivienda y economía, asuntos legales, historia familiar de enfermedad y estilo de vida personal. Esta estructura está basada en los códigos Z del capítulo XXI, "Factores que influyen sobre el Estado de Salud y el Contacto con Servicios de Salud".

También existe una clasificación multiaxial de los trastornos psiquiátricos en niños y adolescentes para un mejor manejo de esta población en el que se combinan el diagnóstico, las intervenciones de distintos profesionales de salud y la evolución aislada de cada un de esos ejes a lo largo del tratamiento. La clasificación se encuentra dividida en seis ejes, como se muestra en el Cuadro 3.3.

Cuadro 3.3 Ejes de clasificación

Eje I. Síndromes psiquiátricos clínicos
• XX Sin trastornos psiquiátrico
• F84 Trastornos generalizados del desarrollo
• F90-F98 Trastornos de la conducta y de las emociones de comienzo habitual en la infancia y adolescencia

- F00-F09 Trastornos mentales orgánicos, incluidos los sintomáticos
- F10-F-19 Trastornos mentales y del comportamiento debidos al consumo de sustancias psicoactivas
- F20-F29 Esquizofrenia, trastorno esquizotípico y trastornos de ideas delirantes
- F30-F39 Trastornos del humor (afectivos)
- F40-F48 Trastornos neuróticos, secundarios a situaciones estresantes y somatomorfos
- F50-F59 Trastornos del comportamiento asociados a disfunciones fisiológicas y a factores somáticos
- F60-F69 Trastornos de la personalidad y del comportamiento del adulto
- F99 Trastorno mental sin especificar y problemas que no cumplen los criterios para trastornos mentales específicos

Eje II. Trastornos específicos del desarrollo psicológico

- XX Ausencia de trastornos específicos del desarrollo psicológico
- F80 Trastornos específicos del desarrollo del habla y del lenguaje
- F81 Trastornos específicos del desarrollo del aprendizaje escolar
- F82 Trastornos específicos del desarrollo psicomotor
- F83 Trastornos específicos mixtos del desarrollo
- F88 Otros trastornos del desarrollo psicológico
- F89 Trastorno del desarrollo psicológico sin especificar

Eje III. Nivel intelectual

- XX Nivel intelectual dentro del rango normal
- F70 Retraso mental leve
- F71 Retraso mental moderado
- F72 Retraso mental grave

- F73 Retraso mental profundo

- F78 Otros retrasos mentales

- F79 Retraso mental sin especificar

Eje IV. Condiciones médicas

Este eje describe las condiciones médicas no psiquiátricas, refiriéndose a la condición actual y al historial o lesiones pasadas.

Eje V. Situaciones psicosociales anómalas asociadas

- 0 Distorsión o inadecuación del entorno psicosocial no significativa

- 1 Relaciones intrafamiliares anormales

- 2 Trastorno mental, desviación o limitación en el grupo de apoyo primario del niño

- 3 Comunicación intrafamiliar inadecuada o distorsionada

- 4 Tipos anormales de la crianza

- 5 Ambiente circundante anómalo

- 6 Acontecimientos vitales agudos

- 7 Factores estresantes sociales

- 8 Estrés crónico interpersonal asociado con el colegio/trabajo

- 9 Situaciones o acontecimientos de los propios trastornos o discapacidades del niño

Eje VI. Evaluación global de la discapacidad psicosocial

- 0 Funcionamiento social bueno o superior

- 1 Funcionamiento social moderado

- 2 Discapacidad social leve

- 3 Discapacidad social moderada

- 4 Discapacidad social grave

- 5 Discapacidad social grave y generalizada

- 6 Incapacidad funcional en la mayoría de las áreas

- 7 Discapacidad social grosera/persistente y generalizada

- 8 Discapacidad social profunda/persistente y generalizada

La CIE-11 ha estado en proceso de elaboración desde hace años y la Organización Mundial de la Salud estableció que entra en vigor el 1 de enero de 2022 para los Estados Miembros.

CONTENIDO APLICADO

En este capítulo se presentó la clasificación de los trastornos mentales. En el caso siguiente se abordará el diagnóstico con base en los manuales internacionales de clasificación.

Roberto, un exitoso ingeniero químico de 57 años, es llevado por uno de sus hijos a consulta psicológica para que comprenda que tiene un problema, pues para su familia es ya insostenible seguir viviendo con él. En la entrevista que le realicé a Roberto, describe que es un coleccionista que guarda, compra y adquiere cosas de todo tipo: zapatos, ropa, libros, periódicos, autos, etc. En el caso de los autos, lleva acumulados 19 vehículos en su hogar, de los cuales sólo uno funciona y es el que utiliza para ir a trabajar. Argumenta que compra los autos para arreglarlos (pero no lo ha hecho) y el auto que tiene funcionando lo vende a algún familiar o amistad para luego comprar otro.

Se observa que no tiene dificultad para deshacerse de alguna de las cosas, pero por su patrón se observa que la dificultad está en deshacerse de las cosas que no tienen utilidad o funcionalidad; aunque su esposa ha querido en múltiples ocasiones tirar cosas acumuladas, él las recuperó. Es tanta la acumulación que ningún espacio de la casa está libre de objetos. Para comer o hacer algo en la sala, el comedor, la recámara u otra parte de la vivienda hay que poner las cosas en otro lado y en realidad los objetos acumulados se acomodan en cualquier parte donde quepan. Roberto ha desarrollado una urticaria severa en las manos y los antebrazos y sólo se rocía alcohol para quemar los granos; evita ir al médico, no considera necesario consultarlo ni pagar, pues cree que él mismo puede resolverlo.

La situación llegó a tal grado que la esposa se separó de él después de 32 años de estar juntos, pero Roberto argumenta que ella exagera las cosas.

Cuadro 3.4 Contenido aplicado al diagnóstico de Roberto

DSM-IV TR	DSM-5	CIE-10
Eje I: Trastorno obsesivo-compulsivo Eje II: Ningún trastorno Eje III: Enfermedad de la piel Eje IV: Problemas relativos al grupo primario de apoyo Problemas de vivienda Eje V: 51 (EEAG)	Dx: Trastorno de acumulación • Con adquisición excesiva • Con ausencia de introspección	Dx: F42 Trastorno obsesivo-compulsivo

CAPÍTULO 4

TRASTORNOS MENTALES Y DEL COMPORTAMIENTO

El problema no es que tienes síntomas,
es lo que haces con los síntomas que tienes.
Fred Penzel

En este capítulo se abordan los trastornos mentales y se presenta una descripción de ellos con base en el enfoque multidimensional y el psicodinámico. El primero atiende a la visión biológica, social, conductual, emocional y cognitiva, lo cual constituye una perspectiva completa de la anormalidad; en la actualidad ninguna teoría por sí misma puede dar respuesta a los hechos y condiciones que el ser humano plantea, en especial la psicopatología.

Con respecto al enfoque psicodinámico, dada la innegable existencia de procesos intrapsíquicos de cada individuo, es necesario conocer la dinámica de cada trastorno para comprenderlo mejor. También se retoman los criterios diagnósticos del DSM-5 y la CIE-10, y en algunos de los trastornos, las intervenciones terapéuticas de mayor eficacia para ellos.

Los casos clínicos expuestos son de personas reales que experimentaron alguna forma de trastorno. En consecuencia, ante su análisis o su aplicación al contexto real, hay que tomar en cuenta la dignidad y el valor de la persona humana y, en especial, tener la visión integral de esta y no sólo desde su trastorno psicológico.

Lo anterior es fundamental para entender plenamente a la persona, su condición y su atención.

Comenzamos con los trastornos de ansiedad pues la ansiedad es la emoción más común y su comprensión permite entender la mayoría de los demás trastornos. La ansiedad, como una llamada de alerta, es esencial en el desarrollo de toda persona y cuando se sale de control, su manifestación puede desencadenar diferentes situaciones en la persona que la vive y en quienes le rodean. Posteriormente se expondrán también los trastornos de relevancia y gran incidencia en la población, como el obsesivo-compulsivo, el depresivo, los provocados por el estrés, los de síntomas somáticos y los esquizofrénicos.

TRASTORNOS DE ANSIEDAD

La ansiedad provoca enorme preocupación por los peligros desconocidos, lo que se manifiesta como estado de ánimo, caracterizado por un afecto negativo, un sentimiento de miedo y aprensión difuso. Las personas que sufren trastornos de ansiedad están incapacitadas para funcionar de forma cotidiana. Aunque todos experimentamos ansiedad, hablamos de un comportamiento anormal cuando se convierte en un impedimento para poder disfrutar las cosas y la vida misma, lo que lleva a las personas a tener problemas en sus contextos laboral, social y/o familiar.

Cabe destacar que la ansiedad es diferente al miedo que experimentamos todos por situaciones que de manera ordinaria o extraordinaria experimentamos en la vida. La diferencia entre el miedo y la ansiedad es que el primero es temor a algo conocido y la segunda es temor a lo desconocido. Por ejemplo, si un asaltante llega con una pistola y nos apunta, se siente miedo, al saber que nuestra vida está en peligro. Por su parte, la ansiedad se puede ejemplificar como sigue: a una persona le están practicando una cirugía muy delicada y afuera se encuentran sus padres muy preocupados; están ansiosos porque no saben qué ocurrirá, sufren ansiedad, ya que es un temor a lo desconocido. Los trastornos que se tratarán en este apartado tienen como base este tipo de temor.

Para Freud la ansiedad es una forma adaptativa a la vida cuando permite a la persona enfrentar los retos que esta presenta; pero se convierte en patológica cuando nada parece justificarla, cuando dura demasiado o interfiere con el disfrute de lo que se experimenta. Para Cameron, la ansiedad es patológica cuando la persona pierde su espontaneidad y se muestra apática, a la vez que le provoca desorganización en la experiencia y la conducta.

La ansiedad está asociada a circuitos cerebrales específicos, como los sistemas de inhibición conductual, en los que el circuito cerebral en el sistema límbico, ante las señales amenazantes, inhibe la actividad y causa ansiedad, activándose mediante señales del tallo encefálico. También se relaciona con el sistema de lucha y huida: el circuito cerebral se activa a causa de una alarma inmediata y da una respuesta de huida que se origina en el tallo encefálico y viaja a la amígdala, el hipotálamo y la materia gris.

Existen tres vulnerabilidades que contribuyen al desarrollo de trastornos de ansiedad (Durand–Barlow, op. cit., pp. 128-129): la vulnerabilidad biológica, que señala que el individuo tiene la tendencia hereditaria a albergar un afecto negativo; la vulnerabilidad psicológica, es decir tendencia a controlar el estrés; y por último, la vulnerabilidad psicológica, con tendencia a eventos incontrolables o impredecibles en los que se siente incapacidad de lidiar con ellos.

Trastorno de ansiedad por separación

Para el DSM 5, este trastorno no es único en niños, sino también en adolescentes y adultos, aunque para el CIE-10 se presenta exclusivamente en niños. De forma general, se manifiesta por una preocupación irreal y persistente del individuo de que algo le pasará a las figuras de apego o de que a él le ocurrirá alguna situación que resultará en su separación de dichas figuras (véase en el Cuadro 4.1 la comparación de criterios).

En el caso de los niños, su preocupación es tal que los lleva a evitar hacer actividades o a ir a lugares que le obliguen a separarse de sus seres queridos aunque sea por unos momentos. Según los criterios del CIE-10 se diagnostica este trastorno cuando la ansiedad tiene su foco en el temor a la separación y surgió durante los primeros años de la niñez. Es claro que los niños pequeños experimentan ansiedad al separarse de una persona a la que quieren como sus padres; por ejemplo, el niño que, como no quiere que se vaya su mamá cuando lo deja en la escuela, se pone a llorar, y se calma si la madre se queda con él en su salón de clases, o si regresa a casa con ella, evitando así separarse. Se diferencia de la ansiedad normal de separación cuando alcanza una gravedad estadísticamente poco usual, así como cuando se manifiesta un deterioro en su funcionamiento social, como no asistir a la escuela, no relacionarse con amigos o llorar intensamente cuando no ve a la figura de apego, aunque esta se encuentre en la habitación contigua.

En la mayoría de los casos, la figura de apego es la madre, ya que su presencia se relaciona con el alivio de las necesidades del niño, representando la relación simbiótica que establecieron ambos; cuando ella se encuentra lejos, el niño percibe que no podrá satisfacer sus necesidades y tiene la sensación de estar indefenso, experimentando una ansiedad primaria que ya antes la madre le había ayudado a superar.

La ansiedad de separación no desaparece conforme el niño crece, se expresa también en adolescentes y adultos. Para el DSM 5, la ansiedad por separación se expresa como un miedo excesivo e inapropiado para el nivel de desarrollo del individuo. Incluye algunos criterios como el malestar o la preocupación excesiva y recurrente cuando se prevé o se vive una separación del hogar o de las figuras de mayor apego que dure al menos cuatro semanas (en niños y adolescentes) y al menos seis semanas (en adultos); el miedo excesivo y persistente o la resistencia a estar solo o sin las figuras de mayor apego en casa o en otros lugares; pesadillas repetidas sobre el tema de la separación y quejas repetidas de síntomas físicos, cuando se produce o se prevé la separación de las figuras de mayor apego. En estudios realizados se aprecia una estrecha relación con la agorafobia, ya que adultos agorafóbicos en su niñez presentaron ansiedad de separación (Gittelman y Klein, 1984). Para Cameron (1992), no importa cómo se haya desencadenado la ansiedad ya que, ante lo anterior, todo adulto pone de manifiesto el mecanismo de defensa de la regresión, debido a que en él se ha liberado una ansiedad infantil primaria, reactivando de manera inconsciente impulsos, frustraciones y fantasías infantiles basadas en la amenaza de la pérdida del objeto amado.

Otra etiología es que puede ser de índole genética, esto es, que los padres hayan presentado ansiedad. También puede atribuírsele a la vulnerabilidad psicológica ante eventos estresantes, tanto propios del desarrollo de la vida, como extraordinarios, considerando que la persona requiera la presencia del ser amado para poder afrontarlos, así como experiencias previas de pérdida que le generen tensión al pensar qué le pasaría si ocurriera la separación en su vida. En un adulto podría verse cuando tiene la idea de que ante la pérdida de una figura de apego, sentirá que se ha quedado solo y desprotegido y no podrá valerse por sí mismo, por lo que se aferra a no separarse de ella.

Es importante identificar los miedos que originan la separación y los pensamientos que esta desencadena. Por ello, una de las formas más eficaces de tratamiento de este trastorno es la terapia cognitivo conductual (TCC) en la que los pensamientos negativos son remplazados por positivos; después, la intervención con la técnica de la exposición, consistente en exponerlo gradualmente a la separación de la persona. En algunos casos, se combina la terapia con ansiolíticos y técnicas de relajación y autocontrol.

Cuadro 4.1 Comparación de criterios diagnósticos DSM- 5 y CIE-10 del trastorno de ansiedad por separación

DSM-5	CIE-10
• Miedo o ansiedad excesivos e inapropiados de separarse de las personas por las que siente apego en las siguientes circunstancias: 1. Malestar excesivo	• El código es F93.0. • Sólo existe el diagnóstico en niños y es denominado trastorno de ansiedad de separación en la niñez.

2. Preocupación excesiva

3. Resistencia o rechazo a salir por miedo a la separación

4. Miedo a estar solo o sin las figuras de mayor apego

5. Pesadillas repetidas sobre el tema de la separación

6. Quejas repetidas de síntomas físicos

- El miedo, la ansiedad o la evitación están presentes durante al menos cuatro semanas en niños y adolescentes, y seis o más meses en adultos.

- La alteración causa un malestar clínicamente significativo o deterioro en áreas importantes del funcionamiento.

- El foco de la ansiedad en el niño es el temor a la separación cuando alcanza un grado inusual y está asociado a un deterioro significativo en el funcionamiento social.

Mutismo selectivo

Es un trastorno del desarrollo que se caracteriza por una imposibilidad prolongada de hablar en ciertas situaciones a pesar de hacerlo en otras circunstancias, siendo que la persona tiene la capacidad para hacerlo. Es importante diferenciar entre mutismo y mutismo selectivo: en el primero la persona nunca habla, mientras que el segundo sólo ocurre en contextos o situaciones específicos.

La causa no se conoce bien, pero la ansiedad sería una de ellas (Kristensen, 2000). Al ser un trastorno de ansiedad, la causa involucra sentimientos y conductas orientándose su preocupación hacia el futuro o a la sensación de no poder prever o controlar sucesos por venir. En el caso del mutismo selectivo el conflicto psicológico se encuentra manifestado en la expresión del lenguaje y este representa el no querer o no poder expresar ideas, juicios, emociones, que, como vimos desde una postura psicodinámica, producen culpabilidad: es mejor callar lo que el individuo pudiera o quisiera expresar, de manera consciente o inconsciente. Por ejemplo, el niño que en toda su educación básica no ha hablado en la escuela y mucho menos participa en las opiniones verbales, pero en casa o con los primos habla demasiado.

Ciertamente muchas personas pasamos por algo similar: quien teme al público en una presentación, o el joven que se siente atraído por una chica y no sabe qué decir, o el empleado que ante un jefe estricto, permanece callado. Sin embargo, el mutismo selectivo es un sistema claro que lleva a pensar: "No puedo" o "No debo" decir algo que parece intolerable, y transforma el conflicto en una manifestación física que le permite reducir la tensión y la ansiedad. Para la OMS, este trastorno aparece en la niñez o la adolescencia y afecta no sólo el área de la comunicación, sino también otras áreas de funcionamiento. Se identifica por una selectividad marcada y emocionalmente determinada al hablar, asociada habitualmente con características marcadas de la personalidad que implican ansiedad social, aislamiento, sensibilidad o resistencia, excluyendo al mutismo transitorio como parte de la ansiedad de separación en niños pequeños.

Este trastorno comúnmente aparece en niños y aunque existe la expectativa del individuo —ya sea niño, joven o adulto— de hablar, tiene un fracaso constante al intentarlo; como es de suponerse, esto interfiere en los logros que pudiera alcanzar en el contexto social en el que se presenta su mutismo, realizándose el diagnóstico en específico con la sintomatología que presenta. Para el DSM-5, la duración de la alteración debe tener como mínimo un mes, descartando el primer mes de la escuela, ya que en los niños es común que presenten timidez durante este tiempo. Asimismo, considera que tampoco se puede atribuir a la falta de conocimiento o a la comodidad con el lenguaje hablado, necesario en la situación social. En el Cuadro 4.2 se establece la comparación de los criterios diagnósticos de sus clasificaciones de la OMS y la APA.

Otra posible causa es el factor hereditario, en donde surgen hipótesis como que existe una relación entre este trastorno y determinadas alteraciones cromosómicas o simplemente una alteración en el cromosoma 18.

Sin embargo, los investigadores apuestan más por la presencia de antecedentes de ansiedad, fobias y depresión en familiares. Esto podría indicar la presencia de ciertos factores de vulnerabilidad transmitidos genéticamente.

Una causa más por tomar en cuenta es que el niño ha desarrollado el mutismo selectivo debido a la influencia que ejerce la observación directa de ciertos modelos familiares, la sobreprotección de los padres o algún evento traumático.

Estudios realizados con personas adultas establecen una estrecha relación del mutismo selectivo en la infancia con el desarrollo de la fobia social en la etapa adulta (Olivares, 2009). La fobia social se tratará más adelante en este capítulo.

El tratamiento se concentra en la ansiedad, la comunicación social y el grupo primario de apoyo. Se utilizan técnicas como la exposición graduada a las situaciones temidas o donde se presenta el fracaso al hablar; el uso de recompensas y castigos, y el automodelado en el que el niño se observa a sí mismo hablando en un video (en consulta posterior se analizan los videos con el niño y la familia; después, de manera progresiva se solicita que estas grabaciones se tomen en diferentes ámbitos e incluso que él los grabe).

La combinación de la técnica anterior con la de reducir los pensamientos negativos irracionales o exagerados que le provocan esta condición, aumenta la eficacia en la modificación del comportamiento del niño.

También la intervención logopédica es una alternativa de tratamiento cuyo objetivo es que el niño actúe de forma verbal y espontánea en los distintos contextos de su vida, atendiendo a las peticiones o exigencias que requieren las mimas situaciones, e interviniendo en aspectos lingüísticos, educativos, neurológicos y conductuales.

Cuadro 4.2 Resumen de criterios del mutismo selectivo

DSM- 5	CIE-10
• Fracaso al hablar en situaciones sociales en las que existe expectativa por hablar. • Ese fracaso interfiere en logros educativos o laborales o en la comunicación social. • La duración es de un mes como mínimo y no se debe a la falta de conocimiento o a comodidad.	• Se denomina mutismo selectivo. • El código es F94.0. • Es la selectividad al hablar en el niño que ya tiene competencia en el lenguaje pero fracasa en otras situaciones. • Implica ansiedad social, aislamiento, sensibilidad o resistencia. • Excluye al mutismo transitorio como parte de la ansiedad de separación en niños pequeños.

Fobia específica

Con seguridad alguna vez ha escuchado decir a las personas que tienen fobia a las arañas o a algún otro animal, aunque en casi todos los casos resulta ser sólo miedo y no llega a diagnosticarse como fobia. La fobia específica es un temor irracional a una situación u objeto especifico, que interfiere marcadamente con el funcionamiento de la vida diaria. En la mayoría de las personas que expresan tener una fobia a un animal o situación, ese miedo no interfiere en su vida cotidiana, por lo que se descarta que sea una fobia. Se le llama fobia específica cuando el miedo se deposita en un solo objeto o situación, el cual es claramente identificado por la persona que la padece.

Según el DSM-5, las características de la fobia especifica incluyen que debe durar al menos seis meses; la situación u objeto fóbico se evitan o soportan con una ansiedad o angustia intensas, teniendo una respuesta inmediata de temor ante la exposición del elemento fóbico.

A su vez, la CIE-10 incluye, además de lo anterior (a excepción de la duración), la preocupación de la persona en la posibilidad de centrarse en síntomas particulares, como palpitaciones o sensación de desvanecimiento, y está asociada a temores secundarios por la muerte, la pérdida de control y la locura. Las dos referencias de diagnóstico anteriores incluyen la fobia a: la cercanía de ciertos animales; las alturas; los truenos; la oscuridad; volar en avión; los espacios cerrados; orinar o defecar en baños públicos; ingerir ciertos alimentos; ir al dentista, o ver sangre o heridas.

Ante este último punto expresado por la CIE-10, existe una diferencia: aunque haya ataque de pánico no se puede catalogar dentro del trastorno de pánico (TP) o del trastorno de pánico con agorafobia (TPA) debido a que en la fobia las personas no experimentan ataques de pánico fuera del elemento fóbico, mientras que las personas que tienen TPA sí lo hacen de forma inesperada en cualquier contexto.

Hay una similitud en diagnóstico de las fobias por parte del DSM-5 y la CIE-10. Las fobias pueden diagnosticarse de la siguiente forma:

- A animales como arañas, insectos o perros
- Al entorno natural, como las alturas, tormentas o agua
- A la sangre-inyección-herida, como a las agujas o procedimientos médicos invasivos
- Situacional, como miedo a subir a un avión o un ascensor o a encontrarse en sitios cerrados
- Otras situaciones que pueden derivar en ahogo o vómitos en niños

Existen más de 250 tipos de fobias conocidas y se calcula que más de 7% de la población mundial desarrolla alguna, es decir, una de cada 20 personas (OMS, 2013).

Las fobias más comunes a nivel mundial son: necrofobia o miedo a la muerte, en específico, la fobia a estar frente a una momia o cadáver; escotofobia o miedo a la oscuridad (estas personas tienen miedo a los posibles peligros y enemigos imaginarios que se encuentran en la oscuridad, como confundir objetos con monstruos); sociofobia o miedo a estar en situaciones sociales donde pueden ser criticados o sufrir juicios negativos; aracnofobia o miedo a las arañas; acrofobia o miedo a encontrarse en lugares altos; claustrofobia o miedo a encontrarse en espacios pequeños y cerrados; aerofobia o miedo a volar en aviones; hematofobia o miedo a la sangre, desde el simple hecho de verla; cinofobia o miedo a los perros y autofobia o miedo a la soledad, ya que no soportan estar solos y son dependientes de otras personas.

La perspectiva multidimensional expresa que la fobia se desarrolla cuando las personas tienen la tendencia hereditaria a asociar el temor con objetos o situaciones que son peligrosos para la humanidad, como las víboras, las alturas, etc. Y que, aunados a una experiencia directa o vicaria (por observación), generan en el individuo una aprensión ansiosa centrándola en un contacto futuro con ese objeto o situación; así provocan las manifestaciones de fobia expresadas en angustia, ansiedad, evitación y temor irracional.

A nivel intrapsíquico dichos objetos o situaciones tienen un significado, ya que no es casualidad el porqué de su fobia a ese elemento. Para la psicodinámica, la fobia es la expresión de un conflicto que provoca ansiedad y es proyectado hacia el elemento fóbico. Es decir, el miedo está depositado o materializado en tal objeto o situación, pero el miedo real proviene de niveles inconscientes que por lo común se relacionan con el rechazo, la pérdida, el castigo y todo aquello que genere culpa.

La culpa a nivel inconsciente hace que el individuo tenga una forma de reducir su ansiedad como adaptación ante las avasalladoras exigencias de algún conflicto interno. De manera simbólica e inconsciente escoge a ese elemento para desplazar sus impulsos que conscientemente no podrían ser aceptados. Así utiliza mecanismos de defensa como la proyección y el desplazamiento y la regresión.

Para ejemplificar lo anterior está el primer caso de zoofobia definido por Sigmund Freud en 1909: un niño de cinco años llamado Hans le tenía miedo a los caballos y no quería salir a la calle por temor a que le mordieran. Cuando Hans tenía cuatro años y estaba de paseo por el parque con la criada contempló cómo un caballo que tiraba de un pesado carro se desplomó y se lastimó en la calle. A partir de ese momento padeció una grave fobia a los caballos, y más específicamente a que los caballos con algo negro en la boca lo mordieran. El pánico era tan grande que le impedía salir de casa.

El padre expresaba que posiblemente sería por la intensa sobreprotección y atención de la madre y que no estaba de acuerdo con esa forma de educación para su hijo. Esto se convirtió para el niño en cierta rivalidad, a nivel inconsciente, con el padre por ganar la atención y el cariño de la mamá. Durante el análisis que hace Freud se obtuvo que el padre comúnmente jugaba a los caballitos con Hans y este expresa que las bridas del caballo le recordaban los bigotes de su padre.

Lo anterior dejó en claro que sus deseos de que su padre cayera y se lastimara se proyectaron hacia los caballos. Aunque pareciera que Hans tenía miedo de que su padre lo lastimara, el mecanismo es más complejo, ya que los deseos de hostilidad no se encuentran en el padre sino en Hans, y es por ello que desplaza sus deseos hostiles de una venganza primitiva hacia su padre hacia el miedo de que un caballo le agreda; el mecanismo de la regresión se observa en el miedo oral de que puedan morderlo. Cabe mencionar que el caso es más complejo de lo que se relata aquí y conlleva una serie más abundante de material inconsciente (Freud, 1909).

Desde una postura cognitivo conductual se habla de que la fobia es provocada por estilos cognitivos arraigados por el cliente expresados en un comportamiento aprendido y que ha sido reforzado, como forma de adaptación; por ello existe su prevalencia y expresión.

El método terapéutico más utilizado en la fobia por esta perspectiva es el de "la exposición", ya sea de forma graduada o completa. Las técnicas utilizadas en este método son la de la sobresaturación encubierta, en la que al cliente se le pone inmerso en una sensación de ansiedad exponiéndolo a situaciones o imágenes relacionadas con el elemento fóbico. También se puede llevar a cabo la técnica de saturación *in vivo*, en donde se le enfrenta al elemento fóbico de manera graduada.

Cuadro 4.3 Resumen de criterios para la fobia específica

DSM- 5	CIE-10
• Miedo o ansiedad intensos por un objeto o situación. • En los niños se puede expresar con llanto, rabietas, quedarse paralizados o aferrarse. • Casi siempre el objeto o situación provoca miedo o ansiedad inmediatos. • El objeto o la situación se evita con miedo o ansiedad intensos. • El miedo o la ansiedad son desproporcionados al peligro real. • Dura seis o más meses.	• El código es F40.2. • La ansiedad es provocada exclusivamente por situaciones bien definidas, y por lo común no peligrosas. • Estas situaciones son evitadas o son soportadas con pavor. • La preocupación de la persona puede centrarse en síntomas como palpitaciones o sensación de desvanecimiento, y a menudo se asocia con temores secundarios a la muerte, a la pérdida de control y a la locura. • Son fobias restringidas a situaciones muy específicas, como la cercanía de ciertos animales, las alturas, los truenos, la oscuridad, vuelos en avión, etcétera.

Fobia social

Todos hemos sentido en alguna ocasión temor a hablar en público o a relacionarnos con otras personas, pero en el caso de la fobia social se expresa en un temor extremo, irracional y perdurable. A diferencia de la fobia específica, aquí el temor incluye una o más situaciones o desempeños sociales que involucran la exposición a extraños que pueden humillar o avergonzar a la persona.

Para Beidel y Turner (1998), estos síntomas comienzan al final de la niñez y al principio de la adolescencia. Una de las manifestaciones más comunes es el temor perdurable a ser observado, actuar delante de otras personas o hablar y comer en público. Esta es la diferencia con la persona que no padece fobia; todos alguna vez hemos experimentado la sensación de tener miedo a la vergüenza o a la humillación de forma ocasional o esporádica y dependiendo del contexto y el afrontamiento de la persona. En el caso de la fobia social, toda situación de contacto con otras personas le produce ese temor de manera excesiva.

Este trastorno es muy diferente a la timidez, pues interfiere de manera significativa en sus relaciones interpersonales y de actividades sociales como:

- Hablar en público

- Utilizar los baños públicos

- Asistir a fiestas y otras reuniones sociales

- Comer, beber y escribir en público

- Conocer nuevas personas

La persona tiene miedo de que los otros con quienes se relaciona en ese momento identifiquen las señales de ansiedad que pudiera presentar o está presentando, como sonrojo, sudoración, temblor o vómito; piensa que será rechazada u ofenderá a los demás con ello.

En el caso de los niños, el miedo o la ansiedad se pueden expresar con llanto, rabietas, quedarse paralizados, aferrarse, encogerse o no poder hablar en situaciones sociales.

Los síntomas físicos son rubor; transpiración profusa, sobre todo en las manos (hiperhidrosis); temblores en manos o pies; palpitaciones y taquicardias; dolor u opresión torácica; dificultad para respirar (disnea); sensación de falta de aire; molestias gastrointestinales: dolor abdominal, sensación de vacío en el estómago (epigastrio), dispepsia, descomposición intestinal; tartamudez o "temblor" en la voz; engarrotamiento y tensión muscular; deseo urgente de orinar; sensación de opresión en la cabeza o cefaleas, mareos o náuseas; sensación de fatiga; sequedad bucal; sensación de frío (escalofríos) o calor; confusión.

Los síntomas cognitivos son: todo pensamiento negativo; miedo a bloquearse mentalmente, a ser enjuiciado; la creencia de ser visto como ansioso, débil, raro, loco o estúpido; el pensamiento de no saber comportarse de un modo adecuado o competente.

La persona se comporta muy ansiosa y tímida en situaciones sociales diarias. Su miedo abarca no sólo el sentirse vigilada, sino también creer que es juzgada y que esto le produzca verguenza. Lo anterior causa deterioro en el trabajo, el colegio y otras actividades ordinarias, y puede dificultar el conseguir y conservar amigos.

Las preocupaciones fóbicas de situaciones sociales son: conocer o invitar a salir a alguien; asistir a reuniones; conversar por teléfono; tratar con figuras de autoridad, o incluso devolver artículos en una tienda.

Para el DSM-5, en el también denominado trastorno de ansiedad social se expresa el miedo o la ansiedad desproporcionados a la amenaza real planteada por la situación social y al contexto sociocultural, que es persistente y debe durar seis o más meses para ser diagnosticado.

El modelo de Hofmann y Barlow (2002) expresa que la persona que padece fobia social presenta una vulnerabilidad biológica y psicológica y al momento de vivenciar una situación estresante puede seguir tres trayectorias distintas:

- No hay alarma, pero se percibe con pocas capacidades sociales e interrumpe su desempeño en sus actividades sociales.

- Falsa alarma asociada a situaciones de evaluación social, provocando un ataque de pánico inesperado

- Alarma verdadera, si existe una situación de amenaza en la vivencia de un trauma social real.

Lo anterior en cualquiera de sus trayectorias provoca una atención enfocada en sí mismo y en evaluar la peligrosidad de la situación o el contexto, con lo que se desencadena la fobia social.

Existen dos formas de comportarse ante esta fobia. En primer lugar, algunas personas anticipan y evitan las situaciones sociales temidas, mientras que otras las afrontan pero recurren a conductas de seguridad, es decir, aquellas que intentan protegerse de un modo u otro para reducir o suprimir la ansiedad.

Las conductas de seguridad disminuyen la ansiedad a corto plazo, pero refuerzan el trastorno a mediano y largo plazos, como evitar mirar a los ojos o desviar la mirada; meter las manos en los bolsillos; cruzarse de brazos; evitar hablar con los demás; hablar poco o nada; hablar ininterrumpidamente para evitar silencios; hablar muy de prisa o muy despacio; hablar sólo de un tema que domina, y escapar o refugiarse en el baño o bien, preparar excusas para justificar comportamientos.

Gerlasch y colaboradores (2001) describen algunos lineamientos de conducta interpersonal para promover la resilencia en personas con fobia social, es decir, técnicas de autoayuda como:

- Responder a los síntomas de ansiedad mediante la aproximación y no el retiro.

- Hacer contacto visual al saludar.

- Al hablar con otras personas, hacer una lista mental de posibles temas de conversación.

- Hablar en voz alta.

- Tolerar los silencios.

- Aprender a tolerar la crítica.

- Esperar indicaciones de otros como, por ejemplo, en dónde sentarse o hacia dónde ir.

Un tratamiento eficaz es el desarrollado por Rick Heimberg (1990) con su terapia de grupo cognitivo conductual (TGCC), en la que los pacientes en grupo ensayan o interpretan situaciones de fobias sociales enfrente de otros. Al momento de actuar la fobia, el terapeuta solicita descubrir y modificar las percepciones automáticas o inconscientes de peligro.

Según Heimberg, las ganancias terapéuticas se mantienen si se da seguimiento durante cinco años.

Cuadro 4.4 Resumen de criterios de la fobia social

DSM- 5	CIE-10
• Miedo o ansiedad intensos en una o más situaciones sociales, como mantener una conversación, ser observado, reunirse, etcétera.	• El código es F40.1.
• El individuo tiene miedo de actuar de cierta manera o demostrar síntomas de ansiedad que se valoren negativamente, por ejemplo que lo humillen o avergüencen.	• Si evitan situaciones de interacción social debido al temor a ser escudriñados por la gente.
• El miedo o la ansiedad son desproporcionados a la amenaza real planteada por la situación social y al contexto sociocultural.	• Asociado habitualmente con una baja autoestima y con temor a la crítica.
• Dura seis o más meses.	• Presenta síntomas de rubor, temblor de las manos, náuseas o necesidad urgente de orinar, incluso ataque de pánico.

Trastorno de pánico

En esta manifestación de la ansiedad, el miedo está centrado en el mismo trastorno ya que es un temor, por lo que la persona evita situaciones que piensa podrían producirle un ataque de pánico.

Los ataques de pánico son experiencias abruptas de temor intenso o intranquilidad cuando no hay peligro. Los individuos presentan ataques de pánico inesperado y recurrente, pues el miedo no solamente es a sufrir ataques de pánico; pueden tener preocupación por las implicaciones de un ataque, así como preocupación por tener cambios en su comportamiento relacionados con el ataque.

Los ataques de pánico pueden presentarse sin advertencia y la intensa ansiedad que se experimenta es provocada por estímulos particulares o pensamientos acerca de ellos. La APA especifica que después de un ataque surge una inquietud o preocupación continuas por que le ocurran otros ataques de pánico o por sus consecuencias, como la pérdida de control, un ataque al corazón o sensación de volverse loco; todo ello provoca una mala adaptación en el comportamiento o en su funcionamiento.

Cabe aclarar que a la manifestación de ataques de pánico imprevistos y recurrentes se le considera como trastorno de pánico, pero la manifestación esporádica de un ataque de pánico no se identifica como parte del trastorno. Para la APA y la OMS, el ataque de pánico no es un trastorno mental, dado que se produce en el contexto de cualquier trastorno de ansiedad u otro trastorno mental. Por su parte, en la CIE-10 se encuentra como parte de la sintomatología de otro trastorno o como una reacción secundaria. En el DSM-5 un ataque de pánico es un especificador de otro trastorno, como el trastorno de estrés postraumático con ataque de pánico.

Los ataques de pánico alcanzan su máxima expresión en minutos y para poder considerarse como tal se deben dar cuatro o más síntomas de los siguientes:

- Palpitaciones, golpeteo del corazón o aceleración de la frecuencia cardiaca

- Sudoración

- Temblor o sacudidas

- Sensación de dificultad para respirar o de asfixia

- Sensación de ahogo

- Dolor o molestias en el tórax

- Náuseas o malestar abdominal

- Sensación de mareo, inestabilidad, aturdimiento o desmayo

- Escalofríos o sensación de calor

- Parestesias (sensación de entumecimiento o de hormigueo)

- Desrealización (sensación de irrealidad) o despersonalización (separarse de uno mismo)

- Miedo a perder el control o a "volverse loco"

- Miedo a morir

La OMS denomina al trastorno de pánico como ansiedad paroxística episódica, debido a que su característica esencial es la presencia de crisis recurrentes de ansiedad grave (pánico) no limitadas a ninguna situación o conjunto de circunstancias particulares; la aparición de algún trastorno puede desencadenar ataques de pánico con frecuencias muy variables. Los episodios de terror pueden ser diarios, semanales, etc. Cuando se producen, los episodios individuales de pánico suelen durar varios minutos; por lo general presentan una duración parecida para un mismo individuo en cada repetición.

El trastorno suele comenzar entre los 18 y los 24 años, y puede producirse más en mujeres que en hombres. El trastorno de pánico puede extenderse durante unos cuantos meses o incluso durante varios años. Sin embargo, puede existir una ausencia total de síntomas durante años e incluso el trastorno puede no reaparecer en absoluto.

Hay que analizar las causas desde la combinación de factores biológicos como la herencia; los factores sociales, como sucesos estresantes de la vida propia; el factor psicológico de la vulnerabilidad específica, donde el individuo percibe que las sensaciones físicas son peligrosas, así como el desarrollo psíquico en él.

En relación con lo anterior, a la persona le es imposible reprimir o manejar de manera adecuada los impulsos, miedos o frustraciones que provienen del inconsciente y que ahora se manifiestan de forma consciente durante la crisis.

Desde una perspectiva cognitiva, para Beck (2014), los sujetos con tendencias al pánico son particularmente sensibles a las sensaciones internas (somáticas o mentales) y focalizan su atención en ellas. Al no encontrar una explicación no patológica, se desarrollan en ellos pensamientos explicables traducidos como manifestaciones de amenaza biológica (muerte), mental (insanidad o pérdida de conciencia), o conductual (pérdida de control). Posteriormente, la fijación de la atención en las sensaciones de pánico es involuntaria y refuerza la idea de peligro inminente, lo cual provoca la activación del sistema nervioso vegetativo.

Así genera un círculo vicioso, debido a la interacción de la interpretación catastrófica de las sensaciones y la consiguiente intensificación de los síntomas asociados a la ansiedad para culminar con la incapacidad de evaluar los síntomas de manera realista.

Salkovskis (1991) afirma que existen tres factores cognitivos implicados en la fenomenología del pánico:

- Pensamiento catastrofista referido al daño físico

- Producción abundante de imágenes

- Déficit en la capacidad para evaluar correctamente

El tratamiento terapéutico se enfoca en ayudar a la persona a que alcance un desempeño funcional en su vida diaria.

El objetivo es ayudarla a desempeñarse bien en su día a día. Utilizando la combinación de terapia psicológica y uso de medicamentos como: los antidepresivos, llamados inhibidores selectivos de la recaptación de la serotonina (ISRS); los sedantes, que son medicamentos para relajarlo y pueden usarse por corto tiempo y, para casos graves, los anticonvulsivos.

La terapia cognitiva conductual ayuda a entender sus comportamientos y cómo cambiarlos centrándose en:

- Entender y controlar puntos de vista distorsionados estresantes en la vida, como el comportamiento de otras personas o los hechos de la vida.

- Reconocer y remplazar los pensamientos que causan pánico y disminuir la sensación de indefensión.

- Manejar el estrés y relajarse cuando se presenten los síntomas.

- Imaginar las cosas que causan ansiedad, comenzando con la menos temida.

En la comparación de criterios para el diagnóstico entre DSM-5 y CIE-10, destaca principalmente que, aunque se nombran de distinta manera, su sintomatología del trastorno coincide (Cuadro 4.5).

Cuadro 4.5 Resumen de criterios para el trastorno de pánico

DSM- 5	CIE-10
• Ataques de pánico imprevistos recurrentes. • Al menos uno de los ataques ha continuado durante un mes o más, ya sea la preocupación continua acerca de otros ataques de pánico o de sus consecuencias o un cambio de mala adaptación en el comportamiento relacionado con los ataques.	• Denominado ansiedad paroxística generalizada. • El código es F41.0. • Los ataques recurrentes de ansiedad grave (pánico) no se restringen a una situación en particular o a un conjunto de circunstancias, y son impredecibles. • Comienza repentinamente con síntomas de palpitaciones, dolor precordial, sensaciones de asfixia, vértigo y sentimientos de irrealidad, despersonalización y/o falta de vínculo con la realidad.

Agorafobia

La agorafobia es la ansiedad que surge de estar en lugares o situaciones atemorizantes de las que es difícil escapar. En una sintomatología simple, la fobia social y la agorafobia parecen muy similares, pero la diferencia se establece en que la persona que padece fobia social tiene miedo del juicio de los demás, en tanto que el agorafóbico tiene miedo a sus propias señales internas, es decir, a perder el control cuando se encuentra entre muchas personas.

Quien sufre agorafobia severa tiene un miedo irracional a dejar el ambiente familiar, salir de casa; eso implica no ser capaz siquiera de salir a la calle para ir de compras, de llevar a sus hijos a la escuela o de ir a trabajar e incluso le impide reunirse con amigos en lugares fuera de su casa.

Gittelman y Klein (1984) establece que existe una relación entre la agorafobia y la ansiedad de separación en la niñez, y que es más fuerte en hombres que en mujeres. La razón es que la persona agorafóbica comúnmente es dependiente de alguien.

La agorafobia abarca la sintomatología de miedo a salir del hogar, a entrar a locales comerciales, a sitios donde hay multitudes o a lugares públicos; o bien el miedo a viajar solo en algún medio de transporte, provocado por el temor a perder el control y a estar en lugares en donde la salida pueda ser difícil o no consiga regresar a casa.

Para ser diagnosticada, la persona con agorafobia debe presentar miedo o ansiedad continuos, durante seis o más meses; expresar ese temor de manera desproporcionada al peligro real que plantean las situaciones agorafóbicas y al contexto sociocultural, y causar malestar significativo o deterioro en sus áreas importantes de funcionamiento, como la social o la laboral (DSM-5). Se puede tener miedo o ansiedad intensa en dos o más de las siguientes situaciones:

- Al usar el transporte público.
- Al estar en espacios abiertos.
- Al estar en sitios cerrados.
- Al hacer cola o estar en medio de una multitud.
- Al estar fuera de casa solo.

Así como la persona debe temer o evitar las anteriores situaciones, también requiere de un acompañante que esté ahí o definitivamente se resiste a vivir situaciones donde pueda sentir miedo o ansiedad intensos.

Anteriormente, en el DSM-IVTR se establecía el diagnóstico de trastorno de pánico con o sin agorafobia; es decir, para entender a la agorafobia se le acompañaba de un trastorno de pánico.

En la actualidad, se puede diagnosticar agorafobia sin presentar el trastorno de pánico y, siempre y cuando la persona cumpla con los dos criterios, se deberá diagnosticar ambos.

El modelo de Beck y Emery (2014) en el proceso de intervención y tratamiento de la agorafobia establece los siguientes pasos:

- Evaluación y conceptualización de los problemas a través del análisis funcional, detectando las situaciones evitadas, las cogniciones implicadas y las estrategias de evitación y seguridad empleadas, así como una jerarquía de situaciones internas y externas y grado de ansiedad asociados.

- La explicación al paciente de la terapia, fundamentándose en la relación pensamiento-afecto-conducta, denominada socialización terapéutica.

- Generar alternativas cognitivas conductuales a círculos viciosos, distorsiones y supuestos personales, acompañado de tareas para realizarse en casa.

Guidano y Liotti (1983) tiene un modelo muy similar al de Beck y Emery, pero aumentan los pasos de detección de las reglas tácitas.

El modelo consiste en buscar patrones cognitivos-afectivos-conductuales coherentes con el nivel explícito (atribuciones erróneas), así como el análisis cognitivo (significado) de las resistencias presentadas a las intervenciones cognitivo conductuales, y generar alternativas cognitivo conductuales a las reglas tácitas.

Las técnicas empleadas principalmente son el entrenamiento en relajación, la flecha descendente, la exposición en vivo, la técnica vagal, el entrenamiento en aserción y las habilidades de afrontamiento.

En el Cuadro 4.6 se comparan los criterios DSM-5 y CIE-10 relativos al trastorno de agorafobia.

Cuadro 4.6 Resumen de criterios de agorafobia

DSM- 5	CIE-10
• Miedo o ansiedad intensa acerca de: 1. Uso del transporte público 2. Estar en espacios abiertos 3. Estar en sitios cerrados 4. Hacer cola o estar en medio de una multitud. 5. Estar fuera de casa solo. • El individuo teme o evita estas situaciones debido a su idea de que escapar podría ser difícil. • Las situaciones agorafóbicas se evitan activamente o requieren la presencia de un acompañante. • El miedo o la ansiedad son desproporcionados al peligro real. • El miedo, la ansiedad o la evitación son continuos y duran seis o más meses.	• El código es F40.00. • Miedo a salir del hogar: miedo a entrar a locales comerciales, a sitios donde hay multitudes o a lugares públicos; o miedo a viajar solo en tren, en ómnibus o en avión. • Crisis de angustia (pánico). • Evitación de la situación fóbica.

Trastorno de ansiedad generalizada

El trastorno de ansiedad generalizada (TAG) consiste en miedos prolongados que no tienen causa o motivo aparentes, manifestando una preocupación intensa e incontrolable acompañada de síntomas físicos de tensión, irritabilidad e inquietud.

La persona experimenta una amenaza vaga y desconocida para ella, lo que hace que las capacidades de gozar y disfrutar las cosas de la vida se vean disminuidas. El individuo se queja de sentirse tenso, preocupado y fatigado. Cuantos más días pasan, su malestar se acumula, al igual que la energía que debe ser liberada y es ocasionada por esas tensiones y miedos que soporta y no puede canalizar. El cuerpo, de manera homeostática, se manifiesta en procesos fisiológicos como una forma adaptativa de liberar todo lo reprimido.

Las manifestaciones más comunes en el TAG son la preocupación por sentimientos aprensivos sobre el futuro, la hipervigilancia, la tensión motora y los síntomas originados por el sistema nervioso (sudoración, sensación de tener un nudo en la garganta, mareos, molestias estomacales, ritmo cardiaco, respiración y pulso acelerados, así como sensaciones de calor, frío y micción frecuente).

Cuanto mayor es la tensión o la preocupación, menor es la necesidad de la descarga somática y la perturbación del pensamiento y coordinación. Si no se logra descargar toda esa tensión, se ponen en juego los mecanismos de defensa de regresión, desplazamiento y proyección, con tal de que el Ego se mantenga integrado. La regresión está detrás de la reactivación de impulsos, frustraciones, fantasías y conflictos de la niñez.

Para ejemplificar, Manuel es un joven abogado y empresario que acude a mí para que le brinde ayuda. Está al borde de un colapso nervioso, pues desde hace un año duerme poco y también ha disminuido su capacidad de concentración en el trabajo, por lo que en los últimos siete meses se ha vuelto cada vez más irritable. Es el mayor y único hijo varón de una familia de cinco hermanos, y proviene de una familia en la que su abuelo, sus tíos y su padre estudiaron la carrera de derecho.

Él se vio obligado a seguir la tradición, pero temía que sus capacidades académicas no estuviesen a la altura de la familia; sin embargo, terminó la carrera con muy buenas calificaciones. Hace tres años sus padres se separaron y la empresa familiar (un despacho de abogados) estuvo muy cerca de la quiebra. Aunque consiguió ponerla a flote, sigue tenso y preocupado por lo que le deparará el futuro a él y a su familia si el consorcio acaba por quebrar. Piensa que si el negocio se hunde y no tiene para pagar la deuda de la casa y el coche, podría perderlos.

En este caso, se observa cómo la regresión se manifiesta en conflictos infantiles de aprobación o fracaso, proyectándolo de las preocupaciones hacia la empresa, el carro y la casa. El desplazamiento de la culpa que le causaría fracasar y no cumplir con las expectativas que en él ha depositado la familia, y, por consiguiente, la idea de que si él es el culpable, debe ser castigado, aumentan su preocupación y su tensión.

Un antecedente de que si fracasa habrá castigo está en el hecho de que, cuando la empresa casi se viene abajo, sus padres se separaron. Es así que si la empresa se hunde es su culpa y deberá sufrir el castigo de perder su casa y su coche.

Vemos claramente que la ansiedad es un temor a lo desconocido, debido a que no es identificado por la persona, quien sitúa el verdadero conflicto y preocupación en etapas anteriores de vida y no en el presente.

Las reacciones de ansiedad y la culpa en gran parte funcionan a niveles inconscientes. La persona repite conductas no adaptativas, a pesar de no tener ganancias aparentes; lo que hace es revivir relaciones objeto-infantiles que en este caso se dan en una atmósfera de inquietud y de temor al fracaso.

Es común formar un niño ansioso cuando se solicita que adquiera una madurez social antes de tiempo; esto ocurre cuando los padres perfeccionistas forman a un niño con sentimiento de culpabilidad pues ha vivido castigo, desprecio, descuido o desprecio excesivos, o cuando se le adiestra para buscar la propia maldad en él, o bien, para que se identifique con un padre que tiene sentido de culpa.

Cabe aclarar que este trastorno es una forma de adaptación, ya que si no se tuviera esta descarga, el Ego podría no controlar toda esa tensión y desintegrarse.

Es por ello que, aunque parezca irónico, tiene ganancias para la persona. La ganancia primaria es la reducción de la tensión y la ansiedad, mientras que la ganancia secundaria se ubica en las atenciones y consideraciones por parte de quienes le rodean y/u otras ganancias sociales, de atención, aprobación o de no ser castigado tan severamente a pesar de fracasar con respecto a la expectativa depositada en él.

Desde una perspectiva cognitiva conductual, el TAG es conceptualizado como resultado de las distorsiones del pensamiento que surgen en la preocupación; se magnifica cualquier preocupación, por menor que parezca, y se manifiesta un deterioro o reducción de la eficiencia en sus actividades cotidianas, teniendo la sensación de pérdida de control.

También entre las causas que provocan el TAG se encuentra el componente genético; esto es, la persona ya presenta esa vulnerabilidad biológica, acompañada del estrés que le originan los sucesos cotidianos y la tendencia a concentrar su atención en ello, lo que da como resultado una respuesta fisiológica de tensión. La capacidad de respuesta de estas personas se ve disminuida y los procesos como la imaginación y la creatividad en la resolución de problemas se bloquean, se incrementa la respuesta autónoma restringida (manifestaciones fisiológicas del sistema nervioso) y esto conduce al trastorno de ansiedad.

Para la OMS, la ansiedad en el TAG no se debe a alguna situación predominante, sino que "flota libremente". Los síntomas principales son variables, pero incluyen quejas de permanente nerviosidad, temblor, tensiones musculares, sudoración, atolondramiento, palpitaciones, vértigo y malestar epigástrico.

En el DSM-5 se establecen los siguientes criterios de diagnóstico para el TAG:

- Ansiedad y preocupación excesiva (esta última presente como mínimo seis meses y relacionada con sus actividades cotidianas).

- Dificultad para controlar la preocupación.

- Asociada a tres (o más) de los seis síntomas siguientes en adultos y uno en niños:

  ▫ Inquietud o sensación de estar atrapado o con los nervios de punta

  ▫ Fatiga que llega con facilidad

  ▫ Dificultad para concentrarse o quedarse con la mente en blanco

  ▫ Irritabilidad

  ▫ Tensión muscular

  ▫ Problemas de sueño

- Malestar clínicamente significativo o deterioro en lo social, laboral u otras áreas importantes del funcionamiento.

- La alteración no se puede atribuir a los efectos fisiológicos de una sustancia.

- La alteración no se explica mejor por otro trastorno mental.

Entre los tratamientos para el TAG se encuentra la psicoterapia. Una especialmente eficaz es la cognitivo conductual que trabaja en la persona el cómo entender y controlar puntos de vista distorsionados de factores estresantes en la vida (como el comportamiento de otras personas o eventos), reconociendo y remplazando los pensamientos que causan ansiedad para ayudarle a sentirse con mayor control y relajarse ante el estrés.

Asimismo, los tratamientos abordan la medicación con el uso de antidepresivos y benzodiacepinas. Los antidepresivos tienen la función de inhibir la recaptura de serotonina como la imipramina y la clomipramina, así como los inhibidores de la monoamino oxidasa (IMAO), como la fenelzina, tranilcipromina e isocarboxazid. Las benzodiacepinas pueden empezar a trabajar con mayor rapidez que los antidepresivos. Los que se utilizan para tratar los trastornos de ansiedad incluyen clonazepam, lorazepam, alprazolam y buspirona.

En el Cuadro 4.7 se comparan los criterios DSM-5 y CIE-10 acerca del trastorno de ansiedad generalizada.

Cuadro 4.7 Resumen de criterios del trastorno de ansiedad generalizada

DSM- 5	CIE-10

• Ansiedad y preocupación excesivos durante un mínimo de seis meses.
• Al individuo le es difícil controlar la preocupación.
• La ansiedad y la preocupación se asocian a tres o más de los síntomas siguientes en adultos y uno en los niños:
  1. Inquietud o sensación de estar atrapado o con los nervios de punta.
  2. Fatiga fácil.
  3. Dificultad para concentrarse o quedarse con la mente en blanco.
  4. Irritabilidad.
  5. Tensión muscular.
  6. Problemas de sueño.
• La ansiedad, la preocupación o los síntomas físicos causan malestar o deterioro en lo social, lo laboral u otras áreas importantes del funcionamiento.
	• El código es F41.1.
	• Ansiedad generalizada y persistente, que no se restringe.
	• Los síntomas principales incluyen quejas de permanente nerviosidad, temblor, tensiones musculares, sudoración, atolondramiento, palpitaciones, vértigo y malestar epigástrico.

CONTENIDO APLICADO

Se expone un caso de trastorno de ansiedad, abordando el diagnóstico con base en los criterios DSM-5 y CIE-10, así como el análisis desde la perspectiva multidimensional y psicodinámica.

Ramiro, de 33 años de edad, asiste a consulta psicológica porque dice que al ver sangre se desmaya. La primera vez que pasó esto fue cuando un compañero de juego de baloncesto en la preparatoria se cayó y tuvo una fractura expuesta en el pie con bastante sangre; sin embargo, en ese momento todos pensaron que pudo haberse desmayado por el exceso de esfuerzo, ya que eran los minutos finales y era un partido muy luchado. Con el paso de los años, a su hija de siete años le salió abundantemente sangre de la nariz hace tres meses y al tratar de auxiliarla dice que vio borroso y se desvaneció. Cuando despertó, su esposa y su hija le contaron que había perdido el conocimiento antes de llegar a auxiliar a la niña.

Ahora se siente preocupado porque esta semana fue el festival de su otro hijo en la escuela y nuevamente se desmayó al ver que uno de los niños, por ir corriendo en el patio, se tropezó, se golpeó la cabeza y sangró. Ramiro se acercó para corroborar que todo es falta de voluntad y que no le iba a pasar nada; sin embargo, al acercarse al niño a quien le sangraba la cabeza, sintió náuseas y mareo, y después de eso no recuerda nada. Al abrir los ojos, apareció en un salón acostado y atendido por su esposa y la directora escolar. Ahora dice sentir miedo de desmayarse si ve un accidente que involucre ver sangre. Desde niño, Ramiro fue muy dedicado y preocupado por todo. Dice que era muy aprensivo, y ahora solicita apoyo porque quiere curarse, debido a que se considera una persona muy exigente consigo misma. No puede dar una mala imagen y fallarle a su familia, ya que de niño su mamá era muy dura, exagerada y algo cruel porque le decía que debía salir adelante sin ayuda de nadie. Su padre los abandonó cuando Ramiro tenía 12 años, después de golpear intensamente a su madre y dejarla ensangrentada e inconsciente. En esa ocasión, Ramiro se enfrentó a su padre y ante ello, este se fue y jamás volvió a saber de él. Ramiro piensa que posiblemente gracias a que se le rebeló a su padre, sus dos hermanos menores, de uno y tres años en ese entonces, ya no convivieron con el señor. Argumenta que su padre, a pesar de ser un "macho", siempre manifestó miedo a las inyecciones y jamás se dejó poner una.

Cuadro 4.8 Contenido aplicado al caso de Ramiro

Diagnóstico con base en el DSM-5	Diagnóstico con base en el CIE-10
Dx. Fobia específica • A la sangre	Dx. F40.23 Fobia a la sangre
Análisis desde la perspectiva multidimensional	**Análisis desde la perspectiva psicodinámica**
En Ramiro existe una vulnerabilidad biológica expresada en la tendencia hereditaria a estar preparado a asociar el temor con objetos o situaciones que han sido peligrosos. Aunado al estrés de cumplir con la responsabilidad de ver por los otros, como su hija o su amigo, y viviendo la experiencia directa de que su mamá estaba ensangrentada e inconsciente cuando niño, toma como elemento fóbico a la sangre. Se observa también la vulnerabilidad psicológica generalizada para desarrollar aprensión ansiosa centrada en un contacto futuro con la sangre. En el caso de la hematofobia (miedo a la sangre) de Ramiro, presenta una respuesta bifásica; es decir, se pro-	La fobia de Ramiro es la expresión de un conflicto inconsciente que genera ansiedad materializado en la sangre. Tiene como trasfondo el peligro de que las tensiones y las ansiedades emocionales surgidas interiormente puedan destruir la integración de su Ego, ya que su sistema defensivo es defectuoso e incapaz de impedir las intrusiones del Id y Superego al Ego.[1] Se pone de manifiesto una proyección, en el miedo a desmayarse al ver la sangre. Ramiro revive la escena de ver a la madre ensangrentada e inconsciente. Ahora manifiesta estos síntomas. Existe también una regresión a la etapa cuando los abandona su padre, así como a la etapa edípica[2] donde el niño pelea con el padre por el amor de la madre.

duce un aumento de la respuesta cardiovascular, con lo que se elevan el latido cardiaco y la presión arterial. Pero, justo después, este aumento disminuye de forma brusca provocando náuseas, mareo y desmayo.

El trasfondo del conflicto se encuentra desplazado en la culpa, debido a que Ramiro pelea con su padre por la madre. Ante ello siente culpabilidad por haber desafiado a su padre y temor a recibir el castigo. El conflicto se ubica en la etapa edípica de desafíar al padre, así como de generar culpa porque por sus actos de desafío se fue su padre y sus hermanos no convivieron con él.

Ahora, para poder controlar esa ansiedad provocada por la culpabilidad, como mecanismo de defensa, se pone en marcha al desplazar dicho conflicto a una situación fóbica y mantener integrado lo más posible a su Ego, evitando desestructurarse.[3]

La identificación con el padre puede causarle culpabilidad, ya que intenta no ser como él pues eso implicaría dañar a su madre y lucha contra esos impulsos provenientes del Id ya que su madre fue muy exigente y cruel con Ramiro.

---

[1] El lector puede revisar en el capítulo 2 el apartado de Perspectiva psicodinámica para identificar la función de las estructuras psíquicas mencionadas.

[2] Fase del desarrollo humano que abarca de los tres a los cinco años aproximadamente, para nombrar la cual Freud se inspiró en la historia de Edipo de la mitología griega. Se caracteriza por la fijación afectiva al progenitor del sexo opuesto y temor al del propio sexo.

[3] Desajuste en la dinámica de los componentes de la personalidad.

TRASTORNO OBSESIVO-COMPULSIVO Y OTROS TRASTORNOS RELACIONADOS

Todas las personas pueden sentirse agobiadas por ciertos pensamientos. Sin embargo, cuando estos se transforman en ideas no deseadas que generan angustia o preocupación excesivas, a pesar de los esfuerzos para evitarlas, y posteriormente se llevan a cabo comportamientos para calmar esa angustia que van en contra del deseo propio de la persona, nos encontramos ante algún tipo de trastorno obsesivo-compulsivo.

A continuación se presentan distintas manifestaciones de esta clasificación patológica que tienen como base una obsesión y se revelan en una compulsión. Cualquier manifestación de trastorno obsesivo-compulsivo debido a su recurrencia constituye una fuente importante de malestar y sufrimiento, ocasionando alguna alteración en el plano personal y social.

Trastorno obsesivo-compulsivo (TOC)

Es un trastorno que involucra pensamientos e impulsos no deseados persistentes e intrusivos (obsesión) y conductas repetitivas (compulsión) que tienen la intención de suprimirlos.

El TOC es caracterizado por la generación de obsesiones que desembocan en compulsiones, es decir, la persona presenta ideas que no se puede quitar de su mente y se siente obligada a realizar actos repetitivos como una forma de protección ante esos pensamientos. Las ideas comúnmente abarcan temor, titubeo, duda o vergüenza, y los actos repetitivos generalmente se manifiestan en contar, revisar, ordenar, limpiar o tocar (Cuadro 4.9).

Las obsesiones pueden surgir de cualquier situación, por muy rara o insignificante que parezca, como la idea de que le irá mal si no manda la cadena de mensajes de paz a 20 personas que le enviaron a su correo electrónico o su teléfono celular; la infinidad de bacterias que hay en los asientos y pasamanos del transporte público; si al querer salir de casa, habrá cerrado correctamente la puerta; si se le acerca un vagabundo podrá contagiarse de algo y ser como él; pisar las líneas de la banqueta desgastará sus zapatos y dañará las plantas de sus pies, entre otras. Estas ideas intrusivas siempre están presentes en el individuo y no cesan. Ante ello se deben tener actos ritualistas que sirven de protección contra la ansiedad y mientras se realizan, el individuo se sentirá seguro.

Las compulsiones son acciones que permiten al individuo regular la preocupación y el temor que le aquejan a través de pensamientos mágicos (para el psicoanálisis) o cogniciones (postura cognitiva).

Retomando los ejemplos anteriores, las compulsiones serían: enviar de inmediato a 20 personas la cadena de mensaje de paz. Pero como piensa que posiblemente no serán suficientes, la enviará a uno más; después pensará que tal vez no la reciban, así que para asegurarse mandará la cadena a otras tres personas más y podría seguir así sucesivamente hasta llegar a duplicar el número de personas solicitado; usar guantes y cubrebocas cada vez que sube al transporte público para evitar contagiarse de alguna bacteria; evitar cualquier contacto con algún vagabundo, incluyendo el contacto visual y cambiarse de acera o regresar por el mismo camino cada vez que esté cerca alguno; confirmar hasta siete veces que se ha cerrado bien la puerta, abriendo, cerrando y poniendo el seguro con la llave dándole vueltas y vueltas; saltar las líneas de la calle, ya sea de la banqueta o de algún lugar como la oficina para que no se desgasten sus zapatos o se dañen las plantas de sus pies.

Todos los ejemplos anteriores de compulsión mantienen al individuo regulando su ansiedad; por consiguiente, las compulsiones son actos que sostienen la integridad y la estabilidad de quien los ejecuta, aunque parezcan muy extraños o extravagantes.

Ahora bien, todas las personas realizamos actos ritualistas que no se catalogan como anormales y se consideran como aceptables o hasta necesarios. Por ejemplo, la idea de que para que le vaya bien durante el día la persona debe persignarse al despertarse o en la primera venta de su negocio; o bien, repetir tres, cuatro o cinco veces el lavado de los dientes para sentirse limpio. El hombre que va al mingitorio orina sin necesidad de tocar su pene y posteriormente, al lavarse las manos se le acaba el agua, por lo que lava sólo una de ellas; entonces, durante el día tendrá la sensación de estar sucio y evitará tocar con esa mano alimentos u otros objetos.

Para que sea considerada una condición anormal o un trastorno, deben existir en la persona obsesiones y compulsiones recurrentes; que intente evadir o rechazar esos pensamientos pero no lo consiga, o lo exprese en comportamientos estereotipados, repetidos una y otra vez, que no son agradables ni tienen alguna finalidad útil; su única finalidad es prevenir algún suceso que teme y que podría ocurrir si no realizara esos actos.

La anormalidad se establece también cuando la persona sabe que lo que piensa es improbable que ocurra, pero no puede evitar esos actos.

La obsesión también puede caracterizarse no sólo como pensamientos, sino también como impulsos o imágenes recurrentes y persistentes, causando también ansiedad o malestar significativo. Las compulsiones no sólo son comportamientos sino también incluyen actos mentales, como rezar, contar, repetir palabras en silencio que, aunque su finalidad sea prevenir alguna situación temida, no están conectados de una manera realista con esa finalidad. Los criterios para diagnosticar TOC son los siguientes:

- La existencia de obsesiones y compulsiones.

- Se debe invertir más de una hora en las obsesiones o compulsiones, además de causar malestar clínicamente significativo o deterioro en el aspecto social, el laboral u otras áreas importantes del funcionamiento.

- Los síntomas obsesivo-compulsivos no se pueden atribuir a los efectos fisiológicos de una sustancia (APA, 2013).

- Se debe especificar si el sujeto reconoce que las creencias del trastorno obsesivo-compulsivo no son probables (introspección buena o aceptable) o si considera que son probablemente no ciertas (con poca introspección), así como que considere que sí son ciertas (ausencia de introspección o con creencias delirantes).

En la perspectiva del psicoanálisis el origen de este desequilibrio puede encontrarse en un conflicto de la persona experimentado a temprana edad, antes de haber logrado una adaptación satisfactoria a las dificultades infantiles y que interfirió en la maduración. También pudo surgir por un problema posterior que lo obligó a reaccionar en forma primitiva e infantil a pesar de haber alcanzado la maduración (Bosselman, 1967).

El individuo obsesivo-compulsivo se caracteriza, entre otras cosas, por su gran preocupación por la formalidad y el orden, expresando una forma regresiva en sus síntomas y actitudes que Freud describió como el carácter anal, debido a que si el niño experimenta un conflicto al tratar de acomodarse a las exigencias de sus padres, puede reaccionar con exagerada obediencia o exagerada terquedad.

Estas actitudes pueden manifestarse en el acto mismo de la eliminación de las heces o de la limpieza del niño en general o en su conformidad con el orden establecido.

La persona obsesiva compulsiva tiene un pensamiento mágico y un conflicto con el Superego, pues este es avasallador ante sus exigencias por ser perfeccionista y el Yo no puede cumplir con sus expectativas.

Por tanto, el pensamiento mágico es una forma de escapar a esas exigencias que nunca cumplirá; el obsesivo quiere controlar su exterior cuando su deseo es controlarse a sí mismo y lo desplaza al exterior en acciones de control, perfeccionismo y rituales.

El conflicto psíquico en el obsesivo radica en obedecer o desafiar cualquier situación que se le presente. Esto conduce a alternar sentimientos de ira y miedo. Miedo a que se le ataque o castigue por su mala conducta e ira, por el hecho de abandonar sus deseos de no querer someterse al deseo o autoridad de otra persona (Mackinnon, 2008).

Estas personas tendrán fuertes desafíos con la autoridad, pero al final terminarán obedeciendo, y por consiguiente, se derivan rasgos de puntualidad, escrupulosidad, pulcritud, orden y el cumplimiento estricto de sus obligaciones. Aunque estos rasgos parezcan muy aceptables, no lo son, porque no provienen de la maduración del individuo, sino del miedo subjetivo, que es la fuerza que los motiva.

Así también encontramos otros rasgos como el desorden, la negligencia, la obstinación, la parsimonia y el sadismo, que son resultantes del enojo por su desafío. Las obsesiones más frecuentes están relacionadas con la suciedad, el tiempo, el dinero, la seguridad y el orden o perfección, debido a su connotación de agresión y desafío de las mismas. La manifestación de ese conflicto en sus compulsiones encierra el temor al castigo o represalia que pudiera tener si no cumple con esos comportamientos.

Por ejemplo, Silvia es una mujer de 40 años, casada y con dos hijos que asiste a terapia psicológica; manifiesta independencia económica y vive con sus padres, expresándome que tiene la necesidad de llamarles a estos últimos por teléfono tres veces al día porque considera que si no lo hace ellos sufrirán un accidente. En la situación de Silvia se observa una preocupación excesiva, así como el temor de la mujer al castigo de no llamar u olvidar a los padres.

Explorando más, también se puede reconocer su agresión hacia ellos, desplazando su deseo inconsciente de que les pase algo en alguna forma de accidente, más que la preocupación y el cariño que cree tenerles.

El caso anterior se puede también ver desde el enfoque sistémico, que establece que como la persona se encuentra integrada a un sistema, los síntomas de las obsesiones y compulsiones cumplen la función de mantener el equilibrio en el sistema familiar, ya que el conflicto va más allá de que la mujer sea vista como problema.

En esta postura (Minuchin y Fishman, 1985), la estructura familiar debe ser modificada y no solamente atender las creencias y los comportamientos de un solo miembro de la familia. La meta es reestructurar a la familia para que el miembro que presenta los síntomas deje de ocupar esa función y modifique los comportamientos hacia unos funcionales.

El enfoque multidimensional explica que la persona de antemano presenta las ya nombradas vulnerabilidades psicológicas y biológicas; es decir, la tendencia hacia la falta de confianza e incapacidad para la resolución de los problemas, así como el factor de herencia del desarrollo de síntomas de ansiedad.

Ante eventos comunes y cotidianos, se generan pensamientos intrusivos, recurrentes e inaceptables que conllevan a rituales cognoscitivos y conductuales para neutralizar o suprimir dichos pensamientos.

La intervención terapéutica es en función de las características personales y las circunstancias del paciente.

Normalmente, las primeras intervenciones van encaminadas a reducir los síntomas de ansiedad y la incapacitación que producen. Después se analizan y tratan los factores que originan y/o mantienen la ansiedad y otras alteraciones que puedan acompañarla.

La combinación del tratamiento farmacológico y el psicológico con base cognitivo conductual son los más empleados, teniendo un plan de intervención bien definido y estructurado que podría englobarse de la siguiente manera:

- Brindar al cliente la información sobre la naturaleza del TOC, incluyendo sus mecanismos básicos, problemas asociados y las relaciones entre pensamiento, emoción y acción.

- Medicarle ya sea con antidepresivos tricíclicos, especialmente la clomipramina o también los inhibidores selectivos de la recaptación de la serotonina como la fluoxetina o la fluvoxamina.

- Enfrentar al cliente al objeto, pensamiento o situación temida, sea real o imaginariamente, absteniéndose de realizar rituales "tranquilizadores", para facilitar los procesos de extinción y/o habituación de la ansiedad (exposición y prevención de respuesta).

- Identificar y neutralizar procedimientos contraproducentes como la aplicación de técnicas cognitivas y técnicas para la modificación de la conducta.

En el Cuadro 4.9 se muestra la clasificación CIE-10 del TOC según el predominio de los síntomas.

Cuadro 4.9 Resumen de criterios del TOC

DSM-5	CIE-10
• Presencia de obsesiones, compulsiones o ambas. Las obsesiones o compulsiones requieren mucho tiempo o causan malestar clínicamente significativo o deterioro en el aspecto social, el laboral u otras áreas importantes del funcionamiento. • Los síntomas obsesivo-compulsivos no se pueden atribuir a los efectos fisiológicos de una sustancia. • Especificar si hay buena, poca o ninguna introspección (el sujeto reconoce que las creencias del trastorno obsesivo-compulsivo son no ciertas).	• El código es F42. • Presencia de pensamientos obsesivos o de actos compulsivos recurrentes. • Los pensamientos son casi invariablemente angustiantes y la persona afectada intenta rechazarlos, sin tener éxito en su empeño. A pesar de esto, son reconocidos como pensamientos propios, incluso aunque sean involuntarios y a menudo repugnantes. • Los actos compulsivos o ritos compulsivos son comportamientos estereotipados, repetidos una y otra vez. • Se pueden clasificar en: predominio de pensamientos obsesivos, predominio de actos compulsivos o predominio de actos e ideas mixtas.

Trastorno dismórfico corporal

Por lo común a la mayoría de las personas les desagrada alguna parte de su cuerpo y quisieran cambiarla en algún momento; en el caso de los adolescentes, su apariencia física no suele ser agradable del todo. A diferencia de esa situación normal que casi todas las personas llegan a experimentar en alguna etapa de su vida, se cataloga como anormal aquella en que la preocupación en la persona alcanza otros niveles.

Quienes sufren trastorno dismórfico corporal se preocupan por su apariencia física, ya sea por un defecto imaginario o por un rasgo menor que recibe atención excesiva.

Con anterioridad, el trastorno dismórfico corporal era clasificado por la APA dentro de los trastornos de la preocupación del cuerpo.

Sin embargo, en su última clasificación lo incluye en los trastornos obsesivo-compulsivos debido a que tiene que ver con las obsesiones y los pensamientos preocupantes que surgen de forma repetitiva en la conciencia de una persona, llevándola a realizar acciones persistentes y repetitivas para bajar la tensión provocada.

Por ejemplo, quien tiene la creencia de que su nariz es horrible puede mirarse al espejo y maquillarse, cubrirse o hacer todo lo posible para ocultar o modificar esa imperfección en su cuerpo.

Las obsesiones se enfocan en imperfecciones del rostro, el tamaño de las piernas, la talla de los senos, el cabello, la forma de su cuerpo, ojos, nariz, labios, e incluso en las cicatrices.

Las individuos no sólo están insatisfechos y preocupados por alguna parte de su cuerpo, sino que han llevado estos sentimientos al terreno de la obsesión debido al incremento de la ansiedad.

La imagen distorsionada del cuerpo ocasiona la cognición e ideación de ser demasiado feo o desfigurado para que otros lo vean, hasta decidir no salir o socializar con los demás, evitar verse al espejo, así como llevar a cabo acciones temerarias y que ponen en riesgo su vida por pensar que así podrán solucionar ese defecto.

Un ejemplo es el caso de una persona que, debido a su excesiva preocupación por la flacidez de su piel, se la engrapaba para mantenerla tensa.

No basta con atender la sintomatología; también debe prestarse atención y especificar la zona del cuerpo que le preocupa al sujeto, además de identificar si tiene la capacidad para reconocer si sus creencias son no ciertas, probablemente ciertas o ciertas (aceptable, poca o ausencia de introspección). Los criterios diagnósticos a los que atiende son los siguientes:

- Preocupación por uno o más defectos o imperfecciones percibidos en el aspecto físico que no son observables o parecen sin importancia a otras personas.

- En algún momento durante el curso del trastorno, el sujeto ha realizado comportamientos repetitivos (como mirarse al espejo, asearse en exceso, rascarse la piel, querer asegurarse de las cosas) o actos mentales (como comparar su aspecto con el de otros) como respuesta a la preocupación por el aspecto.

- La preocupación causa malestar clínicamente significativo o deterioro en el ámbito social, el laboral u otras áreas importantes del funcionamiento.

- La preocupación por el aspecto no se explica mejor por la inquietud acerca del tejido adiposo o el peso corporal en un sujeto cuyos síntomas cumplen los criterios diagnósticos de un trastorno alimentario (APA, 2014).

En relación con lo conductual, surgen comportamientos como el inicio de tratamientos cosméticos, quirúrgicos, dermatológicos, capilares, etc., de forma reiterada y con demandas irracionales (Hollender, Cohén y Simeón, 1993).

Asimismo, rituales de comprobación, como el examen reiterado del cuerpo delante del espejo y las conductas de reaseguramiento, como la constante solicitud de información o la comparación constante con los demás para controlar su preocupación.

En relación con lo cognitivo, según Salaberria y colaboradores (2000), las manifestaciones más comunes son las siguientes:

- Las preocupaciones por la importancia del defecto y la valoración de los demás de este.

- Las distorsiones perceptivas de la imagen corporal o de alguna parte del cuerpo.

- La aparición de autoverbalizaciones negativas sobre el cuerpo.

Raich, Soler y Mora (1994) consideran que las creencias irracionales son una manifestación de las alteraciones cognitivas del individuo en el que el defecto es una prueba de la imposibilidad de ser querido o apreciado, incluso, una muestra de debilidad o de inadecuación personal.

La persona puede presentar más de una parte de su cuerpo que le preocupa, debido a que los actos ritualistas a veces se consuman en solucionar ese defecto que él o ella cree tener y le obliga a buscar otro. Los individuos con este trastorno llegan a practicarse cirugías y en algunos casos la percepción es que no se ha corregido la imperfección o la apariencia, lo que los hace verse feos o desagradables y recurrir nuevamente a ella.

Una vez que se logra la modificación deseada se observa ahora otro defecto en ellos, bien sea porque ya existía o porque las cirugías o acciones realizadas antes le desfiguraron otra parte de su cuerpo. En ello ya existe comorbilidad, debido a que se han desarrollado síntomas de otro trastorno o ha aparecido otro trastorno, aunado al anterior.

Un ejemplo: un hombre creía tener la cara de "zonzo" y después de un tratamiento con electrochoques modificó un poco su percepción, volviendo a la convicción de que su cara estaba deformada, algo que percibía en sus párpados, pómulos, frente, cráneo y cabello.

Posteriormente se daba golpes en la cara con objetos contundentes y se producía hematomas para sentir que mejoraba, pero al desaparecer los edemas traumáticos volvía a percibir su cara deforme y volvía a golpearse.

Al terminar de hacerlo, salía a la calle para verificar los resultados a través de la aprobación o desaprobación de su cara que creía observar en los demás. Se hizo dos operaciones plásticas faciales, pero seguía percibiéndose feo y deforme. Quiso forzar una tercera operación, pero esta vez ni lo médicos ni sus familiares accedieron a sus apremiantes y suplicantes demandas, lo que provocó su hospitalización psiquiátrica (Saavedra, 1996).

Algunas manifestaciones del trastorno dismórfico corporal (Cuadro 4.10) pueden presentarse como algo aceptable en algunas sociedades o en el contexto especifico en el que surjan.

Por ejemplo, las padaung, conocidas como mujeres con cuello de jirafa que forman parte de la tribu Kayan de Birmania, se colocan anillos en el cuello para irlo alargando; o bien, las personas que se dedican a la halterofilia para presentarse a concursos, se dedican a su cuerpo con extremo cuidado.

La vigorexia es también una manifestación del trastorno, en la cual la persona constantemente se preocupa por parecer demasiado pequeña y débil.

> Este cuadro clínico se caracteriza por la obsesión por obtener un cuerpo hipermusculado, lo que conduce a estas personas —principalmente hombres— a pasar horas en el gimnasio y a consumir hormonas y anabolizantes esteroides para aumentar la masa muscular.

> Este tipo de personas se ven excesivamente delgadas a pesar de tener un cuerpo muy musculoso, presentan pensamientos reiterados de preocupación y rituales (dedicar horas a los ejercicios de musculación, pesarse continuamente, llevar una dieta a base de proteínas e hidratos de carbono, etc.), además de evitar situaciones en donde puede ser observado su cuerpo.

> Hay una comorbilidad de estas conductas anómalas con los trastornos de la conducta alimentaria, la toxicomanía, la adicción al ejercicio y el trastorno obsesivo-compulsivo (Salaberría *et al.,* 2000, op. cit., p. 30).

El tratamiento abarca terapia psicológica, medicación y, en algunos casos, hospitalización. La terapia psicológica es de exposición y respuesta con el fin de modificar los pensamientos negativos, para ayudar a la persona a sentirse mejor con respecto a su apariencia. La terapia le ayudará a reconsiderar sus pensamientos y acciones. En cuanto a la medicación, se utilizan antidepresivos que actúan sobre su estado de ánimo; algunos de los más efectivos son los inhibidores selectivos de recaptación de serotonina, como la fluoxetina. A la persona se le anima a ser consciente de su apariencia, usando diversos ejercicios en la terapia de exposición y respuesta; asimismo se le da una serie de indicaciones para llevar a cabo, como las siguientes:

- Centrar la atención en el reflejo en el espejo y no en cómo se siente.

- Usar un espejo sólo para una función por un periodo limitado de tiempo; por ejemplo, únicamente para afeitarse o peinarse o maquillarse.

- Centrar la atención en el conjunto de su cara y no en partes específicas (por ejemplo, exclusivamente en su nariz o en sus labios).

- No utilizar las ventanas, las espaldas de los discos compactos o cubiertos para ver su imagen, evitar comprobar su apariencia a cada instante.

- No utilizar un espejo cuando se siente deprimido/a.

En el Cuadro 4.10 se aprecia que el trastorno dismórfico corporal en la CIE-10 se relaciona con el trastorno hipocondriaco.

Cuadro 4.10 Resumen de criterios del trastorno dismórfico corporal

DSM-5	CIE-10
• Preocupación por un defecto o imperfecciones percibidas en el aspecto físico que no son observables o parecen sin importancia a otras personas. • El sujeto ha adoptado comportamientos o actos mentales repetitivos como respuesta a la preocupación por su aspecto.	• El código es 45.22. • Se diagnostica como un tipo o forma del trastorno hipocondriaco.

- La preocupación causa un malestar clínicamente significativo o deterioro en el ámbito social, el laboral o en otras áreas importantes del funcionamiento.

- Especificar si al sujeto le preocupa la idea de que su estructura corporal es demasiado pequeña o poco musculosa (dismorfia muscular).

- Especificar el grado de introspección sobre las creencias del trastorno dismórfico corporal.

- La persona manifiesta quejas somáticas persistentes o una preocupación sostenida por su apariencia física.

- Las sensaciones y los aspectos normales y corrientes son a menudo interpretados por la persona como anormales y angustiantes.

Trastorno de acumulación

La APA actualmente considera las manifestaciones de acumulación como un trastorno, aun cuando en versiones anteriores del DSM se les consideraba solamente como un síntoma o subtipo del trastorno obsesivo-compulsivo (TOC).

Por su parte, la OMS también considera la acumulación como un acto compulsivo.

Independientemente de su clasificación, la acumulación surge de pensamientos, ideas, imágenes o impulsos intrusivos (obsesiones); para bajar o controlar su preocupación o ansiedad se lleva a cabo la acumulación en la forma de un rito o acto compulsivo.

Antes se consideraba a la acumulación patológica como un síndrome, llamado "síndrome de Collyer" por los hermanos Homer y Langley Collyer, quienes vivieron las tres últimas décadas de su vida acumulando objetos y como resultado murieron rodeados de basura y trastos inútiles que se mezclaban con muebles, miles de periódicos y libros, entre otras cosas.

Hoy hay programas televisivos que presentan la vida de ciertas personas y sus ritos de acumulación, aunque en ellos lo expuesto al público sólo abarca los actos compulsivos, dando la apariencia de un síndrome y no de un trastorno.

La clasificación del trastorno de acumulación (TA) se toma en cuenta debido a que en la actualidad (ya sea por la influencia de la sociedad, la cultura y el contexto histórico) ha generado manifestaciones cada vez más complejas en las personas, al grado de ser considerado como una sintomatología, pues se relaciona con una gama de pensamientos y comportamientos que tienen una estructura y una etiología diversas.

> Estudios recientes conceptualizan la acumulación como un grupo de conductas que a menudo aparecen comórbidas principalmente con el TOC, más que como un signo, síntoma o subtipo de éste. Estos hallazgos apoyan la hipótesis sobre la posible consideración del TA como un síndrome clínicamente distinto del TOC, aunque altamente comórbido con éste. Esta consideración de nuevo diagnóstico, según los autores, aumentaría la conciencia pública, mejoraría la identificación de casos y estimularía tanto la investigación como el desarrollo de tratamientos específicos para el TA (Becerra, 2010, p. 90).

Un caso clínico

La descripción de casos clínicos aproxima a la comprensión de las principales características de este tipo de trastorno; por ello aquí se presenta el caso de los hermanos Collyer, el cual dio origen a esta nueva patología, la acumulación patológica como síndrome, aunque debió ser catalogada como trastorno y no como síndrome.

Langley, el mayor de los hermanos, estudió ingeniería y Homer, derecho marítimo, pero nunca las ejercieron profesionalmente debido a la fortuna económica que sus padres tenían entonces. Tras la muerte de sus padres (el padre, ginecólogo, y la madre, cantante de ópera) los hermanos decidieron encerrarse en uno de los pisos del edificio de cuatro plantas.

Con el tiempo pasaron a ser dos personas totalmente introvertidas, que apenas cruzaban palabra alguna con los vecinos de los edificios contiguos, debido a la degradación e inseguridad del barrio donde vivían. Esto originó su preocupación por que alguien intentara entrar a robar en su propiedad y decidieron atrincherarse dentro de su edificio y construir una serie de laberintos y trampas que evitarían que esto sucediera.

Homer sufrió un derrame que lo dejó ciego y tiempo después, paralítico. Langley decidió hacerse cargo del cuidado de su hermano, estando pendiente de él durante el día y saliendo por comida y los periódicos de la jornada durante la madrugada.

Así descubrió que la gente tiraba a la basura todo tipo de cosas a las que él podría dar algún tipo de utilidad, gracias a su habilidad para crear e inventar extraños artefactos. Langley decidió no pagar más por los servicios de luz, agua y gas, y trasladó un viejo automóvil al sótano del edificio, con el que, al ponerlo en marcha, podía dar luz suficiente a la estancia en la que hacían vida, gracias a la energía que generaba el motor del coche. Su edificio había dejado de tener cristales en las ventanas, que fueron tapiadas con tablas de madera.

Langley también fabricó una serie de trampas caseras que si se accionaban hacían caer kilos de objetos sobre el intruso: la vivienda de los Collyer era una auténtica trampa mortal llena de cajas, basura y periódicos.

Tras un aviso anónimo sobre un olor desagradable que salía del edificio, la policía tardó seis horas en lograr acceder a él. Allí encontraron el cadáver de Homer sentado en su butaca; la autopsia desveló que la muerte se había producido por inanición (falta de ingerir alimentos y agua).

Después de 18 días de sacar todo lo acumulado en la vivienda, también se encontró el cuerpo en un avanzado estado de descomposición de Langley, quien se encontraba a pocos metros de la estancia donde se hallaba su hermano y que falleció a causa del derrumbe de una gran pila de periódicos y cajas ocurrido al accionar, probablemente sin querer, una de las trampas por él confeccionadas.

Al final el recuento realizado arrojó un total de 136 toneladas en objetos de lo más diversos, entre ellos, 14 pianos, más de 25 000 libros, cerca de 200 000 periódicos, alfombras, bolsas repletas de basura, material quirúrgico, una máquina de rayos X, revólveres, granadas, escopetas, metralletas y un gran número de envases de cristal que contenían órganos humanos conservados en formol (*The New York Times*, septiembre 30, 1942, p. 24).

Como podrá observarse, la acumulación de objetos llena por completo los ambientes del hogar y evita que la persona haga uso correcto de las habitaciones, además de causar molestias o entorpecer las actividades diarias.

Criterios del DSM-5

El DSM-5 establece cuatro criterios importantes con los que debe cumplir la acumulación para considerarse como trastorno y se describen de la siguiente forma:

- Que presente dificultad persistente para deshacerse o renunciar a las posesiones, independientemente de su valor real.

- Necesidad percibida de guardar las cosas y el malestar que se siente cuando uno se deshace de ellas.

- La acumulación de cosas que congestionan y abarrotan las zonas habitables y alteran en gran medida su uso previsto.

- La acumulación causa malestar clínicamente significativo o deterioro en lo social, laboral u otras áreas importantes del funcionamiento.

El caso expuesto cumple con los criterios del DSM-5. En la actualidad existen también muchos casos que podrían variar con alguno de los criterios anteriores.

Es importante establecer que, aunque no es un criterio, una característica común en los individuos con este trastorno es que no existe un orden en la acumulación de objetos; es decir, tienen dificultad para organizar las posesiones. Esto no ocurre en todas las personas, pues hay casos de acumulación, como los de algunos coleccionistas, que clasifican y categorizan lo acumulado.

Las personas con este trastorno (Cuadro 4.11) experimentan alegría, placer o satisfacción cuando compran nuevos objetos y tienen sentimientos de culpa, miedo o enojo al sólo pensar en deshacerse de ellos.

Otro rasgo claramente manifestado es que dicen que algún día les servirán o los utilizarán. Presentan fuertes convicciones de que los objetos son valiosos o útiles, incluso cuando para otras personas sea basura o ya no los quieran, pues algunos acumuladores consideran que los objetos tienen sentimientos. Rechazan el concepto de tener un problema, incluso cuando el desorden o la acumulación interfieren claramente con su vida.

La posesividad y la necesidad de salvarlo todo se relaciona con su miedo de separación de lo querido (proyectado en algún objeto) y los aspectos desafiantes de la lucha de poder.

Los comportamientos de acumulación compulsiva comienzan en la adolescencia, aunque la edad media de personas que buscan realizar tratamientos es de 50 años.

Las investigaciones más actuales sugieren que casi uno de cada cinco acumuladores compulsivos tienen síntomas de TOC no relacionados con el síndrome de acumulación compulsiva. La acumulación compulsiva también se considera como una característica del trastorno de la personalidad obsesivo-compulsivo y puede desarrollarse junto con otros trastornos mentales, como la demencia o la esquizofrenia.

El desorden y la acumulación amenazan la salud y la seguridad de aquellos que viven en ese hogar o cerca de él, y pueden causar problemas de salud, daños estructurales, incendios, y a veces la muerte.

El trastorno de acumulación en la CIE-10 no se establece como un trastorno sino como sintomatología predominante del trastorno obsesivo-compulsivo (Cuadro 4.11).

Cuadro 4.11 Resumen de criterios del trastorno de acumulación

DSM-5	CIE-10
• Dificultad persistente de deshacerse o renunciar a las posesiones.	• El código es F42.
• Necesidad de guardar las cosas y malestar por deshacerse de ellas.	• Se cataloga sólo como una manifestación de tipo obsesivo-compulsivo y no como un trastorno específico.
• La acumulación de cosas congestiona y abarrota las zonas habitables y altera en gran medida su uso previsto.	• Se deben seguir los criterios del trastorno obsesivo-compulsivo.
• Especificar si hay adquisición excesiva y el grado de introspección.	

Tricotilomanía

En la CIE-10 existen trastornos de los hábitos y los impulsos en los que se encuentran clasificados: el juego patológico, la piromanía, la cleptomanía y la tricotilomanía.

La tricotilomanía se define como un trastorno caracterizado por pérdida evidente de cabellos debida a la incapacidad repetitiva de resistirse al impulso de jalarlos. El acto de jalarse o arrancarse los cabellos es precedido habitualmente por una tensión creciente, seguida de un sentimiento de alivio y gratificación.

Las características propias del trastorno son la pérdida de cabello por jalarlo de forma recurrente, los intentos por parte de la persona de dejar de hacerlo, y el deterioro en áreas de su vida como la social, la laboral o la escolar por hacerlo.

Algunos criterios diferenciales sirven para no confundirlo con otro trastorno. El hecho de arrancarse el cabello no se explica mejor por los síntomas de otro trastorno mental como el dismórfico corporal o como respuesta a un delirio o a una alucinación.

Este trastorno abarca a niños y adultos. Pese a que la persona niega el hecho de jalarse el cabello, sus efectos se observan en las porciones de la cabeza con falta de cabello como parches descubiertos o pérdida del cabello en varias secciones. Se experimenta una sensación de tensión antes de hacerlo y una sensación de alivio, placer o gratificación al culminarlo.

Un ejemplo: Carolina, una niña de siete años, se jala el cabello desde pequeña; a pesar de los castigos y prohibiciones de su madre, no puede evitarlo. Incluso les jala el cabello a sus muñecas hasta quitárselo; dice que están "pelonas". La madre refiere que la tía era igual y lo sigue siendo, en menor medida que su hija, y que una prima también presenta algo similar pero que esta sólo se jalaba las cejas.

La persona se arranca pelo a pelo, principalmente de la cabeza, aunque puede actuar también sobre distintas partes del cuerpo como cejas, pestañas, barba, axilas o vello púbico. También llega a manifestarse el hábito de mascar o ingerir el cabello, lo que provoca obstrucciones severas en el aparato digestivo.

Se pone de manifiesto el comportamiento de agresión, expresado hacia la misma persona, ocasionado por el pensamiento mágico de sentirse culpable de sus deseos y tener que ser castigado.

También, como en el caso de Carolina, se puede ver un componente genético que produce la propensión a desarrollar la enfermedad, descartando el desarrollo de la sintomatología como algo aprendido.

Entre los tratamientos psicológicos que se utilizan en el tratamiento de la tricotilomanía está el desarrollado por Nathan Azrin y Gregory Nunn en 1970. Llamado Entrenamiento en Inversión del Hábito, de forma general abarca a todos los trastornos de hábitos y consiste en trabajar tres aspectos centrales, como son la toma de la conciencia, la respuesta de competencia y el apoyo social. Este tratamiento se basa en la hipótesis de que la persona no es consciente del comportamiento repetitivo que emite.

La toma de conciencia consiste en ayudar a la persona a concentrarse en las circunstancias en las que es más probable que se arranque el pelo. Esto le permite ser más consciente de la probabilidad de que el comportamiento se produzca.

La formación de una respuesta de competencia enseña al individuo a sustituir el arrancarse el cabello por otra respuesta que es incompatible con el comportamiento no deseado. Esta respuesta se repite cada vez que llega una situación donde haya probabilidad de sentir ganas de arrancarse el cabello. En relación con el apoyo social, se lleva a sus seres queridos y familiares al proceso de la terapia con el fin de proporcionar retroalimentación positiva.

Los fármacos aplicados son la clomipramina, la fluoxetina y otros inhibidores selectivos de recuperación de serotonina. Un tratamiento que combine terapia de comportamiento y medicación eleva la probabilidad de rehabilitación de la persona.

En el Cuadro 4.12 se observa que la tricotilomanía para la CIE-10 se ubica como un trastorno de hábito.

Cuadro 4.12 Resumen de criterios del trastorno de tricotilomanía

DSM-5	CIE-10
• Arrancarse el pelo de forma recurrente, lo que da lugar a su pérdida. • Intentos repetidos de disminuir o dejar de arrancarse el pelo. • Arrancarse el pelo causa malestar clínicamente significativo o deterioro en el ámbito social, el laboral u otras áreas importantes del funcionamiento.	• Se clasifica como un trastorno de hábito y de impulsos con el código F63.3. • Pérdida de cabellos debida a no lograr, de manera repetitiva, resistir al impulso de jalarlos. • La jaladura de cabellos suele ser precedida por una tensión creciente y seguida de un sentimiento de alivio y gratificación.

Trastorno de excoriación

Todas las personas han sentido alguna vez comezón en alguna parte de su cuerpo y se han rascado y en muchas ocasiones más de la cuenta, ya sea con respecto a la fuerza o la constancia.

Lo anterior alcanza la patología cuando el acto es repetitivo y causa daño en la piel. Las personas que padecen este trastorno se sienten obligadas a rascarse, pellizcarse o frotarse la piel de forma compulsiva hasta que aparecen lesiones.

Se trata de un trastorno de etiología obsesiva-compulsiva, porque el sujeto es consciente de su conducta autodestructiva pero se siente incapaz de dejar de rascarse. Se rasca sobre todo en zonas con granos, acné, picaduras de insectos, o en piel normal con comezón, lo que produce una profunda y dolorosa herida e incluso hemorragias.

Como toda obsesión y compulsión, tiene su base en el desarrollo de la ansiedad, que es la que impulsa al comportamiento compulsivo, siendo la excoriación la vía de alivio.

El acto puede durar varias horas y ser de carácter ritual, es decir, realizarse a horas o en lugares determinados.

La clasificación diagnóstica de la OMS establece la de los trastornos de la piel y del tejido subcutáneo, que incluye el granuloma piógeno, la dermatosis neutrofílica febril, la celulitis, ulceras crónicas de la piel y la dermatitis facticia (excoriación neurótica).

Se aprecia, entonces, que este trastorno no se ubica entre los trastornos mentales sino entre los de la piel, independientemente de que lo cataloguen como facticio (o de fingimiento) o de las bases psicológicas que provoquen su desarrollo.

Los criterios con que debe cumplir para diagnosticarse como trastorno (APA, 2013) son los siguientes:

- Dañarse la piel de forma recurrente produciendo lesiones cutáneas.

- Intentos repetidos por disminuir o dejar de rascarse la piel.

- Rascarse la piel causa malestar o deterioro en el ámbito social, el laboral u otras áreas importantes del funcionamiento.

- El daño de la piel no se puede atribuir a los efectos fisiológicos de una sustancia.

- El hecho de rascarse la piel no se explica mejor por los síntomas de otro trastorno mental como los delirios o alucinaciones táctiles o por el trastorno dismórfico corporal.

En el Cuadro 4.13 se comparan la clasificación diagnóstica de la APA y de la OMS del trastorno de excoriación.

Cuadro 4.13 Resumen de criterios del trastorno de excoriación

DSM-5	CIE-10
• Intentos repetidos de disminuir o dejar de rascarse la piel. • Rascarse la piel causa malestar clínicamente significativo o deterioro en el ámbito social, el laboral u otras áreas importantes del funcionamiento.	• El código es L98.1. En los trastornos de la piel y del tejido subcutáneo, no clasificados en otra parte. • Es denominado dermatitis facticia o excoriación neurótica.

Trastorno obsesivo-compulsivo y trastornos relacionados inducidos por sustancias/medicamentos

En este rubro se encuentran las obsesiones, las compulsiones y las manifestaciones relacionadas con la sintomatología característica del trastorno obsesivo-compulsivo.

Dichos síntomas se desarrollan durante el periodo de intoxicación o de abstinencia de una sustancia o poco después de este, o bien, después de la exposición a un medicamento.

Los síntomas no se producen exclusivamente durante el curso de un síndrome confusional y la alteración causa malestar o deterioro en áreas importantes del funcionamiento.

También puede aparecer sintomatología luego del consumo de sustancias coincidiendo con el trastorno obsesivo-compulsivo. En esta situación, el profesional sólo hará constar el trastorno obsesivo-compulsivo, relacionado por la inducción de sustancias. En caso de ser diagnosticada la persona con la clasificación del trastorno obsesivo-compulsivo, se debe identificar el tipo de inicio de las tres formas posibles:

- Con inicio durante la intoxicación
- Con inicio durante la abstinencia
- Con inicio después del consumo de medicamentos

Las sustancias en las que se ha encontrado una gran incidencia en el desarrollo de este trastorno son las anfetaminas y la cocaína, además de algunos medicamentos.

Cuadro 4.14 Resumen de criterios del trastorno obsesivo-compulsivo y trastornos relacionados inducidos por sustancias/medicamentos

DSM-5	CIE-10
• Se presentan obsesiones y/o compulsiones desarrolladas durante el periodo de intoxicación o de abstinencia de una sustancia o poco después de este, o bien, después de la exposición a un medicamento. • Se especifica el inicio: si fue durante la intoxicación, durante la abstinencia o después del consumo de medicamentos.	• No existe una clasificación específica para este tipo de trastorno y sólo se clasifica como: con trastorno por consumo leve, moderado o grave. • Se especifica también la sustancia consumida.

CONTENIDO APLICADO

Salvador tiene 40 años; es casado, vive con su esposa, su hija y su padre. Se considera un hombre sano pues no bebe, no fuma ni consume alguna otra sustancia adictiva.

Actualmente es gerente de un banco y me consulta porque considera que es muy exagerado para todo y que nadie lo tolera, tanto en el trabajo como en casa. Durante la terapia psicológica comenta que todo comenzó hace cuatro años, a raíz de que su padre sufrió un accidente que lo dejó en silla de ruedas.

Al mes de este suceso lo despidieron de la empresa donde laboraba, aunque, gracias a su experiencia, a los tres meses fue contratado en otra empresa. Sin embargo, para mantener su trabajo se ha vuelto más perfeccionista y preocupado. Al principio comenzó en su trabajo, ahora es en la casa también y esas actitudes le han generado conflicto con sus subordinados y con su esposa.

Expresa que en el trabajo revisa una y otra vez los oficios y toda acción que realiza, al grado de que dedica mucho tiempo a una sola actividad, incluso más de una hora. En casa ocurre algo similar; revisa a cada rato las puertas y las ventanas para corroborar que estén bien cerradas y no vaya a entrar alguien.

Últimamente se para a revisar el gas un promedio de ocho veces durante la noche y, por consiguiente, no duerme como debiera. Piensa que si no se para a revisar las puertas, las ventanas o el gas, algo malo podría sucederle a su familia, en especial a su padre, por su culpa y no se lo perdonaría. Dice que sabe que no es normal lo que le pasa pero no puede evitarlo.

Comenta que su padre fue perfeccionista, exigente y "tirano" con todos y que la verdad no merece que lo cuiden. Su madre los abandonó cuando él tenía cinco años por la forma de ser del padre, y el señor se encargó de su cuidado; por ello, Salvador se siente con la obligación de corresponderle y no ser un ingrato.

Cuadro 4.15 Contenido aplicado al caso de Salvador

Diagnóstico con base en el DSM-5	Diagnóstico con base en la CIE-10
• Dx. • Trastorno obsesivo-compulsivo • Con introspección aceptable • Sin historia de trastorno de tics	Dx. F42.1 Trastorno obsesivo-compulsivo con predominio de actos compulsivos
Análisis desde la perspectiva multidimensional	**Análisis desde la perspectiva psicodinámica**
Se observa la vulnerabilidad psicológica generalizada ante lo que implica estar desempleado desde las perspectivas económica y social. Se ve que existe una vulnerabilidad heredada, ya que el padre también presenta características de aprensión ansiosa ante eventos cotidianos, lo que supone que existe ya una predisposición biológica a desarrollar ansiedad. Después del accidente de su padre y la pérdida del empleo, comienzan pensamientos intrusivos de situaciones catastróficas, en especial a sufrir una pérdida más y los asocia con el ser el culpable si volviera a ocurrir. Esos pensamientos inaceptables, para poder ser suprimidos o neutralizados, llevan a rituales conductuales en forma de revisión de lo que pudiera causar un daño.	El conflicto psíquico en Salvador está en el fuerte desafío a su padre y sus tendencias agresivas hacia este. Eso lo lleva a alternar sentimientos de ira y miedo, y, por consiguiente, le genera culpa por sus deseos inconscientes. Sus obsesiones están manifestadas en que le vaya a pasar algo a su padre, tratando de anular esos pensamientos inaceptables en los rituales de revisión. Los impulsos de agresión resultan inaceptables para el Súper Ego rígido que no tolera ninguna manifestación de desobediencia o mal comportamiento de Salvador y ante ello se genera un conflicto. El conflicto tiene su origen en la experiencia de la niñez y, por consiguiente, se expresa en términos infantiles.

Cuando la aprensión ansiosa se centra en los pensamientos recurrentes de que le puede pasar algo a su familia, y aparecen los rituales de revisión, se ha desarrollado TOC en Salvador.	El niño desarrolla conceptos mágicos que asocian la agresión y el desafío que posteriormente conducen al temor culpable y a la perspectiva del castigo a través de la enfermedad o la muerte. Así se expresa un aplacamiento simbólico de sus deseos en el cuidado hacia su padre para evitar generar culpa o castigo.

TRASTORNO DE SÍNTOMAS SOMÁTICOS Y TRASTORNOS RELACIONADOS

La enfermedad tiene una percepción subjetiva como resultado de factores psicológicos, sociales y culturales, independientes de los biológicos. La actitud de la persona y la sociedad en la que se desenvuelva son relevantes para la forma en que se enfrenta y comprende la enfermedad o trastorno que se padezca. En el papel del enfermo intervienen factores emocionales, conductuales, perceptivos y cognitivos. Las conductas más comunes en los enfermos son la queja y la búsqueda de ayuda, en tanto que las cogniciones asociadas son que la persona no es responsable de su estado, debe ser eximida de sus responsabilidades y buscar u obtener un tratamiento.

La angustia, el estrés y las preocupaciones soportadas durante mucho tiempo, experimentadas por un individuo con dificultades para resolver o afrontar las problemáticas de la vida (Borja Farre y colaboradores, 2012), combinadas con una estructura de personalidad débil y poca capacidad de control de impulsos y emociones, se verán plasmadas en una enfermedad corporal, esto es, una enfermedad psicosomática. En una enfermedad física, como la colitis, el origen es psicológico, aunque los síntomas son lo más importante; por tanto, se comprende a la enfermedad como el resultado de la asociación de condiciones somáticas y psicológicas. Las quejas son reales y en muchas ocasiones severas. Los pacientes psicosomáticos tienen gran dificultad para expresar sus emociones de manera adecuada y por ello las canalizan hacia el cuerpo.

Cuando existe una enfermedad real y alteraciones emocionales, sociales y de comportamiento, se dice que existen manifestaciones somatopsíquicas; es decir, una alteración corporal da como resultado alteraciones psicológicas. Por su parte, las enfermedades crónicas son una respuesta normal y adaptativa del individuo. Cuando las alteraciones emocionales o psicológicas desencadenan una enfermedad, se considera que el sujeto presenta un trastorno psicosomático.

Los trastornos psicosomáticos se caracterizan por la aplicación de determinadas alteraciones de los tejidos corporales, que a su vez son causadas por factores emocionales o psicológicos. Estos males sí tienen una explicación biológica clara y para su tratamiento hay que comprender la relación mente-cuerpo. Flanders Dunbar (1955) consideraba que es más importante saber qué clase de paciente tiene la enfermedad, que saber qué enfermedad tiene el paciente.

Trastornos de síntomas somáticos

A veces las personas presentan enfermedades inexplicables para el médico, ya que sus síntomas no coinciden con los incluidos en las categorías de clasificación o diagnóstico establecidas.

Este fenómeno era conocido como somatización pero, debido a la prevalencia de sus manifestaciones y a que es caracterizado por la presencia de una múltiple variedad de síntomas corporales y fisiológicos que no pueden ser explicados por causas orgánicas y forman parte de distintas enfermedades, se le denomina trastorno de síntomas múltiples síntomas y no se concentra en la enfermedad; el foco es la gama de manifestaciones sintomáticas que presenta y que encaja en una gran variedad de enfermedades y no sólo en una. Además, en este trastorno se puede encontrar una explicación biológica a sus manifestaciones o signos.

Las personas con síntomas de somatización van al médico constantemente debido a la infinidad de quejas y dolencias que presentan. La ganancia principal para una persona que presenta este trastorno, es que le permite recibir cuidados y apoyo de la familia, el médico o de otras personas que en condiciones normales o de ausencia de enfermedad no recibiría.

La mayoría de las personas ya han tenido un historial de atención médica e infinidad de análisis y procedimientos sin que los médicos hayan logrado que su salud se restablezca.

Por ello invierten mucho tiempo, esfuerzo y atenciones en su bienestar, descuidando otras áreas que por lo común presentan alteraciones, como la interpersonal, social, laboral o familiar; sin embargo, bajo esas condiciones y antecedentes, se les permite justificar dichos fallos.

Los síntomas pueden referirse a cualquier parte del cuerpo y comúnmente la forma sintomática que se presenta o se adopta no dura más de dos años, pero cambia de un síntoma a otro y así puede mantenerse por más tiempo.

Este es el caso de Ernesto, un hombre de 29 años que asiste a consulta psicológica debido a que los doctores lo han remitido una y otra vez. Cada semana asiste al médico por presentar dolores en la espalda y las piernas, pérdida del interés sexual, diarrea y problemas con el equilibrio.

Desde que salió de la secundaria, a los 15 años, tuvo otros problemas relacionados con el estómago y el hígado, dolores de cabeza, dificultad para respirar, un acelerado ritmo cardiaco y muchos síntomas más.

En la entrevista se observan muchas manifestaciones obsesivo-compulsivas marcadas, como tendencia a la perfección y la limpieza, intelectualización y racionalización de lo que le acontece, así como metodicidad y control en sus actividades y relaciones.

Al momento de la consulta presenta alrededor de 300 recetas que le han dado médicos generales y especialistas, entre los que destacan neurólogos, urólogos, dermatólogos, cardiólogos, psiquiatras, así como una gama de pruebas de laboratorio.

Una enfermedad fisiológica en cualquier condición dispensa a cualquier individuo en muchas circunstancias y genera un grado de compasión y benevolencia hacia su persona; en cambio, una enfermedad mental puede generar discriminación, rechazo o abandono en muchos casos.

Es por ello que las personas de forma inconsciente recurren a estas conductas patológicas para obtener ganancias o beneficios. Es importante observar que desde niños los individuos aprenden de estas ganancias: tener un fuerte dolor de estómago evita que un niño vaya a la escuela, lo dispensa de hacer la tarea y le permite ganar la atención y la preocupación de sus padres.

Las personas que pueden diagnosticarse con este trastorno no están preocupadas por la enfermedad, sino por los síntomas, como en el caso de Ernesto.

Por eso, cuando visita al médico, proporciona una larga y detallada lista de dolencias físicas, de un deterioro que sobrepasa lo esperado y de sus tratamientos, que comúnmente comienzan antes de los 30 años.

En particular, los síntomas somáticos que presentan se expresan en más de una manifestación de:

- Síntomas de dolor: en las piernas, la espalda, cabeza o abdomen.

- Síntomas gastrointestinales: diarrea, náusea, vómito o inflamación.

- Síntomas sexuales: disfunción eréctil, pérdida del interés, menstruación irregular o sangrado.

- Síntomas pseudoneurológicos: pérdida del equilibrio, parálisis o problemas de coordinación.

Las manifestaciones de síntomas somáticos no son provocadas por la persona conscientemente, sino por el exceso de estrés o la incapacidad de manejar o afrontar una situación o frustración existente. Se consideran como una forma adaptativa desde un punto de vista psicoanalítico, debido a que colocan al cuerpo en una situación intolerable, con lo que lo protegen del peligro de caer en una psicosis franca.

Cada manifestación somática tiene un significado y es precisamente en esa parte del cuerpo donde se concentra el conflicto psíquico. Por ejemplo:

- El dolor de cabeza expresa la acumulación excesiva de preocupaciones e ideas, o manifiesta excesiva angustia o ansiedad.

- El dolor del tracto gastrointestinal expresa un conflicto que ha introyectado y que es imposible digerir o asimilar; esas emociones han quedado retenidas ahí.

- La disfunción eréctil está asociada con la incapacidad de ser feliz, de disfrutar del placer y dejar de sentirse culpable por situaciones pasadas o presentes.

- Una mala coordinación o falta de equilibrio expresa dificultad para estar estable y sensación de inseguridad y caer tanto en lo personal como en lo social.

Todos estos síntomas somáticos causan problemas significativos en la vida cotidiana de la persona porque se presentan pensamientos, sentimientos o comportamientos excesivos en torno a la preocupación por su salud.

Al diagnosticar este trastorno, el médico debe ser muy cauteloso y revisar muy bien el cuadro clínico; en especial, deberá evitar decir que sus síntomas tienen una base psicológica, ya que este argumento será rechazado por el paciente y provocará una fractura en la relación médica.

Antes existía el trastorno del dolor, que actualmente se incluye en este diagnóstico; de ahí que en él es necesario especificar si hay predominio del dolor y si este es persistente; además, los síntomas somáticos son intensos, con una alteración importante y/o con una duración prolongada de más de seis meses.

En el Cuadro 4.16 se observan algunas diferencias en los criterios para el diagnóstico del trastorno de síntomas somáticos o somatomorfo indiferenciado, como lo denomina la OMS.

Cuadro 4.16 Resumen de criterios del trastorno de síntomas somáticos

DSM-5	CIE-10
• Presentar síntomas somáticos que causan malestar o dan lugar a problemas significativos en la vida diaria. • Pensamientos, sentimientos o comportamientos excesivos relacionados con los síntomas somáticos o asociados a la preocupación por la salud. • Especificar si hay predominio de dolor y la gravedad actual.	• Se denomina como trastorno somatomorfo indiferenciado. • Se clasifica como F45.1. • Las quejas somatomorfas son múltiples, variadas y persistentes.

Trastorno de ansiedad por enfermedad

Antes conocido como "hipocondriasis", este trastorno involucra una ansiedad grave por creer que se tiene una enfermedad, aunque no haya sensación física alguna ni presente un síntoma evidente. El individuo siente preocupación por tener una enfermedad grave, a pesar de habérsele dado un diagnóstico de que no tiene ninguna enfermedad, antecedido por numerosos estudios y evaluación apropiada por uno o más médicos. Dicha preocupación no es por una alucinación ni tampoco se relaciona con su apariencia física.

La característica principal de este trastorno es la preocupación persistente por la posibilidad de sufrir uno o más trastornos físicos graves y progresivos, que lleva a interpretar las sensaciones y los aspectos normales y comunes como anormales y angustiantes, así como a enfocar su atención en sólo uno o dos órganos o sistemas corporales.

La ansiedad por enfermedad (Cuadro 4.17) presenta la creencia persistente durante seis meses o más de que se padece una enfermedad.

Quien lo padece es incapaz de reconocer su preocupación excesiva y centra su atención en su salud. Sus manifestaciones se llevan al terreno de la indagación: el sujeto busca, investiga o rastrea los síntomas que presenta y malinterpreta su condición en su propio diagnóstico. Una vez diagnosticado, magnifica las características o sintomatología de la enfermedad, ya que, según él, coincide con lo que le está pasando.

Un ejemplo: a una mujer de 51 años que trabaja como vendedora de mostrador en una farmacia se le presenta una irregularidad en la menstruación. Al leer en un artículo que esto es un síntoma del cáncer cervico-uterino, se preocupa y asiste a médicos y especialistas. Realiza pruebas de laboratorio para confirmar su propio diagnóstico, a lo que los doctores confirman que no sólo no tiene cáncer, sino que se encuentra sana. Su preocupación hace que visite a más y más médicos y charlatanes, descuidando su trabajo y a su familia debido a la cantidad de dinero y esfuerzos invertidos en su atención médica. La diferencia entre el trastorno de ansiedad por enfermedad y el de síntomas somáticos, es que la persona se angustia por la enfermedad misma y no por los síntomas. Los síntomas sólo son el medio del cual se sirve para poder clasificarse o explicar la enfermedad que ha adquirido. Quien expresa este trastorno ignora la evaluación médica de que no presenta alguna enfermedad física o anormalidad, pues se ha concentrado en tres áreas importantes o especiales:

- La actividad fisiológica: aumento de tensión, ansiedad y problemas de sueño.

- En su cuerpo: constante vigilancia de sus rasgos corporales.

- Comportamientos de evitación o control de una enfermedad: ingerir vitaminas o medicamentos o realizarse estudios "por si acaso", visitar constantemente al médico o indagar qué enfermedad tiene.

A pesar de enfocarse en las áreas mencionadas, en realidad no existen síntomas somáticos o, si están presentes, son leves. Por ello se considera que su preocupación es exagerada o desproporcionada, pero la persona no lo percibe así y está firmemente convencida de que padece una enfermedad. Tiene un grado elevado de ansiedad acerca de su salud y se alarma con facilidad por el estado de esta hasta adoptar comportamientos excesivos de solicitud o evitación de la asistencia médica. Cuando un individuo adquiere el nombre de una enfermedad, los síntomas, la duración y las consecuencias de esta, a ese fenómeno se le denomina asimilación o identidad de una enfermedad.

Según Warwick y Salkovskis (1990), el trastorno se desarrolla debido a que inicialmente un activador (ya sea la información, un suceso o una imagen relacionada con una enfermedad) es percibido como una amenaza por la persona, generando la aprensión.

Esta es expresada ya sea en el cuerpo, en la excitación fisiológica y/o en las conductas de revisión o búsqueda de reafirmación; con ello genera una preocupación e interpretación errónea de sensaciones corporales. Este modelo integral de las causas se basa en la vulnerabilidad biológica y psicológica específica del individuo.

En el Cuadro 4.17 se comparan los criterios del trastorno de ansiedad por enfermedad (DSM-5) o trastorno hipocondriaco (CIE-10).

Cuadro 4.17 Resumen de criterios del trastorno de ansiedad por enfermedad

DSM-5	CIE-10
• Preocupación por padecer o contraer una enfermedad grave. • No existen síntomas somáticos o, si están presentes, son únicamente leves. • El individuo se alarma con facilidad por su estado de salud. • El individuo tiene comportamientos excesivos relacionados con la salud.	• El código es F45.21. • Se denomina trastorno hipocondriaco. • Preocupación persistente por la posibilidad de sufrir uno o más trastornos físicos graves y progresivos. • Se enfoca la atención en sólo uno o dos órganos o sistemas corporales.

• Presente al menos durante seis meses. • Especificar si hay solicitud o evitación de asistencia.	• Puede fundamentar diagnósticos adicionales.

Trastorno de conversión

Las explicaciones o interpretaciones de cómo interactúan los procesos biológicos y psicológicos tuvieron a sus precursores en Freud, Pavlov y Bradford. A principios del siglo pasado, Sigmund Freud estudió a mujeres que no podían ver o no podían caminar, cuando en realidad sus ojos y sus piernas estaban sanos y no había impedimento alguno para hacerlo. Freud lo atribuyó a fuerzas inconscientes, pues consideraba que esos conflictos inconscientes se convertían en síntomas físicos como forma de expresión.

Conversión significa que en una persona existe un conflicto psíquico que no puede solucionar, de manera que es resuelto de forma inconsciente; canaliza la energía personal hacia el propio cuerpo, que se manifiesta a través de síntomas físicos. Mediante el mecanismo de la represión, la persona encierra en su inconsciente aquellos impulsos o ideas que le resultan insoportables o dolorosos, evitando la culpa, la vergüenza o alguna otra situación conflictiva.

Entre los síntomas más frecuentes están la ceguera, la parálisis, la sordera y la dificultad para caminar. Estos trastornos se caracterizan por los impedimentos o disfunciones de orden sensitivo y motor. Es por ello que una parálisis facial es un trastorno de conversión.

Un ejemplo: una madre de familia se entera de que su hija la ha defraudado muchas veces y actualmente está metida en problemas graves que la avergüenzan; del coraje se "le va la boca chueca". Aquí se manifiesta un conflicto, ya que una parálisis representa la falta de querer hacer un movimiento o un impedimento para realizarlo; es decir, para no expresar lo que siente y agredir a su hija de forma excesiva, se le paraliza la boca y con ello se impide verbalizar lo que pudiera haberle ocasionado culpa. Asimismo, la persona que tiene las piernas paralizadas, expresa dificultad o impedimento para caminar; es decir, progresar, salir adelante, moverse, mejorar hacia algo. Por su parte, la ceguera expresa el no querer ver algo que le ocasiona conflicto.

Es importante establecer que no sólo es un medio de canalizar el conflicto psíquico, sino también de autocastigo por la culpabilidad o la vergüenza desarrolladas de forma inconsciente. Está el caso de un soldado que en un entrenamiento en el uso de armamentos mata a un compañero con una pistola. A los quince días, y después de haber sido exonerado por el Consejo Militar, se le paraliza el brazo del lado con el que sostuvo la pistola. Con este proceso de conversión no sólo evita el conflicto y la culpa, sino también se impone una forma de castigo por haberlo matado, así como una forma de impedir que vuelva a suceder algo así. Los síntomas muchas veces permiten al individuo aliviar la culpa derivada de eventos frustrantes o desafiantes mediante la limitación física.

Aunque es difícil distinguir entre un trastorno de síntomas somáticos y uno de conversión, puede explicarse por la llamada *bella indiferencia* (de Pierre Janet), la cual indica que cuando en un individuo se presenta ansiedad en otras áreas de su vida, existe una falta de preocupación por su alteración física. Otra característica de este trastorno es que cuando las presiones o el conflicto van disminuyendo, también los síntomas físicos lo hacen; es decir, empieza a tener movimiento o a poder ver, hablar o escuchar. La mayor parte de los síntomas de conversión indican que algún proceso neurológico está afectando los sistemas sensorio-motores. Es importante que el clínico no olvide que se trata de condiciones que afectan el movimiento motor voluntario o alguna función sensitiva, debido a la asociación de factores estresantes o conflictos anteriores. Los criterios para este trastorno son los siguientes:

- La presencia de uno o más síntomas de alteración de la función motora o sensitiva voluntaria.

- Incompatibilidad entre el síntoma y las afecciones neurológicas o médicas reconocidas.

- El síntoma causa malestar clínicamente significativo o deterioro en lo social, laboral u otras áreas importantes del funcionamiento (DSM-5).

Existen distintos tipos de síntomas que pueden ser clasificados como: debilidad o parálisis; movimiento anómalo como temblor o trastorno en la marcha; síntomas de deglución, del habla; anestesia o pérdida sensitiva, alteración olfativa, visual o auditiva (CIE-10). Se define como un episodio agudo cuando la manifestación de conversión dura menos de seis meses, y como persistente cuando dura seis meses o más.

La intervención en los trastornos de conversión abarca la psicoterapia y el entrenamiento en el manejo del estrés, los cuales ayudan a reducir los síntomas, así como la fisioterapia en la parte del cuerpo o la función física afectadas.

También la terapia ocupacional es una forma del tratamiento integral, y debe mantenerse hasta que los síntomas desaparecen. Por lo general, los síntomas no son mortales, aunque las complicaciones sí resultan debilitantes. Entre los criterios para el diagnóstico del trastorno de conversión destaca su característica principal, que es la alteración sensitiva o motora (Cuadro 4.18).

Cuadro 4.18 Resumen de criterios del trastorno de conversión

Resumen de criterios del trastorno de conversión	
DSM-5	CIE-10
• Síntomas de alteración de la función motora o sensitiva voluntaria. • El síntoma causa malestar clínicamente significativo o deterioro en el ámbito social, el laboral u otras áreas importantes del funcionamiento.	• Se clasifican como trastornos disociativos (de conversión). • El código es F44. • Pérdida parcial o total de la integración normal entre los recuerdos del pasado, la conciencia de la propia identidad y de las sensaciones inmediatas, y el control de los movimientos corporales.

Trastorno facticio

Las personas fingen síntomas o trastornos, ya no con el propósito de obtener alguna ganancia en particular, sino de mantener su condición de enfermos. Pueden mostrar una combinación de síntomas físicos y psicológicos para dar la impresión de estar enfermos, o hacer todo lo posible por enfermarse, expresándose de forma dramática con tal de que su enfermedad ocupe el papel estelar.

La OMS lo considera como la producción intencional o simulación de síntomas o de incapacidades, tanto físicas como psicológicas, debido a que la persona repetidamente finge síntomas. Incluso puede llegar a ocasionarse o provocarse daños para generar síntomas o signos de alguna incapacidad. La motivación se orienta a adoptar el comportamiento de enfermo. A menudo se combina con severos trastornos de la personalidad y de las relaciones (OMS).

Durand y Barlow (2010) afirman que el trastorno facticio se encuentra entre el fenómeno de simulación y los trastornos de conversión, aun cuando los síntomas son fingidos para tomar el rol del enfermo y recibir mayor atención. Este trastorno puede tener una producción intencionada o fingir no sólo problemas físicos sino también psicológicos, con la ausencia de incentivos externos como una ganancia económica.

El trastorno facticio suele comenzar durante la adultez temprana y es más común en mujeres; muchos de los sujetos muestran labilidad emocional, soledad y búsqueda de atención.

Las características sobresalientes no sólo son la falsificación de signos o síntomas físicos o psicológicos; también se presentan como enfermos, incapacitados o lesionados, siendo evidente su engaño. Cuando no se les cree, buscan de manera inmediata y persistente ayuda médica para que algún médico o autoridad legal avale su condición de enfermedad. En muchos casos adquieren un gran conocimiento clínico acerca de su enfermedad, que puede presentarse de manera única, aunque en algunas personas su incidencia sea recurrente.

Este trastorno no sólo abarca a la persona que los finge; podemos encontrar el llamado "síndrome de Munchhausen", en el que un adulto que comúnmente es la madre, hace que su hijo se enferme. Es una alteración consistente en la simulación o creación artificial de signos o síntomas de enfermedades.

Quien atiende o cría al niño inventa o produce síntomas o enfermedades que ocasionan numerosas exploraciones y hospitalizaciones que maltratan al niño y pueden ocasionarle terribles secuelas. En este caso, hay que establecer dos diagnósticos: el del niño y del adulto. Para Asher (1951) los sistemas orgánicos favoritos de los afectados son el abdominal, el hemorrágico, el neurológico y el cutáneo.

Anteriormente se le llamaba trastorno facticio del prójimo y presentaba la creación de enfermedad, lesión o síntomas físicos o psicológicos en otra persona, haciéndola parecer como víctima frente a los demás. Para la APA, el diagnóstico sólo se aplica al autor del engaño y no a la víctima.

A la víctima se le puede hacer un diagnóstico de maltrato. Esto puede apreciarse en muchos casos de demandas de maltrato o abuso sexual infantil y se vuelve a recalcar que el beneficio es que se le vea como enfermo sin buscar otra ganancia.

La simulación es un comportamiento que implica fingir de manera deliberada síntomas de una enfermedad física o psicológica por un motivo bien identificado. La diferencia entre el trastorno facticio y el trastorno de simulación radica en la creación de síntomas, aunque sea intencionada y falsa. En el facticio, su función es que se le vea como enfermo y ganar atención, ya sea afectiva o médica, mientras que en el de simulación, la falsificación de síntomas tiene diversas finalidades, como una ganancia económica, venganza, dañar a otra persona, obtener beneficios materiales, ganar un juicio o custodia, evadir un proceso penal, obtener una compensación financiera y obtener medicamentos innecesarios, entre otros.

Tanto el DSM-5 como la CIE-10 identifican la simulación o falsificación de síntomas por parte del individuo (Cuadro 4.19).

Cuadro 4.19 Resumen de criterios del trastorno facticio

DSM-5	CIE-10
• Falsificación de signos o síntomas físicos o psicológicos, o inducción de lesión o enfermedad, asociada a un engaño identificado. • El individuo se presenta a sí mismo frente a los demás como enfermo, incapacitado o lesionado. • El comportamiento engañoso es evidente incluso en ausencia de una recompensa externa obvia. • Existen dos tipos del trastorno: el aplicado a uno mismo y el aplicado a otro.	• El código es F68.10. • Se le denomina producción intencional o simulación de síntomas o de incapacidades, tanto físicas como psicológicas. • El paciente finge síntomas repetidamente, por razones no obvias, e incluso puede llegar a autoinfligirse daños para generar síntomas o signos.

CONTENIDO APLICADO

Esther, de 19 años de edad, asiste a consulta psicológica en compañía de su madre, luego de ser remitida por el servicio médico de neurología ya que desde hace tres meses se encuentra en silla de ruedas y no puede caminar.

Los estudios que le han realizado revelan que no presenta ninguna anomalía biológica, sino que la causa es de índole psicológica. Ella comenta que comenzó a perder fuerza en las piernas hasta que ya no pudo moverlas, debido a los intensos conflictos y discusiones con el novio.

Comenta que es muy celoso y controlador. Llevan dos años y medio de relación y dice que él le reclamaba cuando se comunicaba con otros muchachos de su salón o del vecindario, por cualquier medio. Cada vez que se enojaban, ella se sentía muy cansada y le sobrevenía la debilidad en sus piernas, hasta que en la última discusión, cuando el novio iba a terminar la relación, ella sintió la pérdida total de fuerza en las piernas y se cayó. Desde entonces no ha podido caminar. Expresa que ahora las cosas con su novio están muy bien y hay planes de boda, pues el muchacho la visita diariamente en su casa y la cuida mucho.

Cuadro 4.20 Contenido aplicado al caso de Esther

Diagnóstico con base en el DSM-5	Diagnóstico con base en la CIE-10
Dx. Trastorno de conversión • Con parálisis en las piernas • En episodio agudo • Con factor de estrés psicológico (ruptura de la relación con el novio)	Dx. F44. 4 Trastorno disociativo del movimiento
Análisis desde la perspectiva multidimensional	**Análisis desde la perspectiva psicodinámica**
El trastorno de conversión tiene que ver con un mal funcionamiento físico que afecta los sistemas sensorio-motores. El activador del trastorno en Esther se expresa en las discusiones con el novio y la amenaza de la posible ruptura de la relación, generando aprensión en ella y, por consiguiente, una mayor concentración en el cuerpo y excitación fisiológica. Ante ello, Esther se preocupa con una alteración de su estado corporal, específicamente en la debilidad de las piernas, seguida de una inter-	La parálisis de Esther simboliza un conflicto intrapsíquico[1] en el que expresa impulsos prohibidos por defenderse de ellos, y se expresa en autocastigo. Las piernas son explotadas por un conflicto inconsciente y es este uso inconsciente el que interfiere en el cumplimiento de una percepción y movilidad normal. Los impulsos de agresión de un posible abandono, rechazo o negación a protegerla desplazados hacia el novio, debido a su estructura de personalidad carente de mecanismos adaptativos ante las exigencias de la

pretación errada de las sensaciones corporales, expresadas en la parálisis de estas. La perturbación emocional afecta el sistema neuromuscular.

vida provocan que genere un apego y sentimientos de desvalía, en el que tiene la necesidad de ser cuidada y protegida por otro. Pero ante la amenaza de no conseguir la atención y aprobación, surgen impulsos agresivos que, en vez de ser manifestados hacia el novio, se vierten hacia sí misma y como forma de autocastigo por tales impulsos hacia una persona que ama se da la incapacidad de movimiento en las piernas. Ello manifiesta la dificultad o impedimento para caminar, es decir, progresar, salir adelante, moverse o mejorar hacia algo.

[1] El Yo trata de hacer un balance entre las demandas del Ello y las reclamaciones del Superyó.

Trastornos depresivos

Con frecuencia se escucha que una persona está triste o tan mal que ha caído en depresión; los jóvenes afirman que "están en la depre", o algún amigo "está en la depre total". En realidad, las personas suelen confundir la tristeza con la depresión. Podemos sentirnos tristes por una causa determinada o identificable, pero la depresión se caracteriza por la presencia de un conjunto de síntomas como la soledad, el temor al futuro, no tener ganas de hacer nada ni interés por algo, ni tampoco fuerzas o razones para vivir. Por ello es necesario tener una visión integral para abordar el tema de la depresión.

Muchas teorías explican las causas de la depresión y, aunque no existen factores etiológicos específicos, pueden dividirse en genéticos, psicológicos, ecológicos y sociales. Con respecto a los genéticos, cabe citar los estudios realizados desde 1950 con los gemelos por Kallman, y posteriormente, los de Slater, quien establece la transmisión de la enfermedad por un gen dominante. Zúñiga (2005) concluye en los estudios de gemelos y de familias, que existe un riesgo mucho mayor de desarrollar una depresión grave si el gemelo idéntico de la persona padece este trastorno (54%) que si la padece el padre, el hermano o la hermana (16.6%). También se menciona que las personas que tienen parientes con un diagnóstico bipolar, muestran de 1.5 a tres veces más probabilidades de desarrollar una depresión grave, que aquellas que no tienen ningún familiar con este diagnóstico.

Actualmente los avances en la genética han permitido establecer que los sujetos con familiares que sufren depresión son más propensos a presentarla en comparación con la población general. Estudios bioquímicos aportan hipótesis de que las provocan neurotransmisores como la dopamina, la noradrenalina y la serotonina, que sugieren una regulación anormal del estado de ánimo.

Las causas psicológicas dan importancia a las experiencias desde los primeros años de vida y los sucesos que conforman nuestra personalidad. Algunos desencadenantes son las pérdidas de una fuente de seguridad o satisfacción como la de un ser querido, el aspecto económico o el poder, así como la pérdida de la salud.

Las llamadas causas ecológicas atienden a las consecuencias del desarrollo científico y tecnológico de la humanidad que no sólo brindaron bienestar al hombre, sino también crearon problemas de depresión en los pobladores de las grandes urbes, como la contaminación atmosférica, los problemas de tránsito y el ruido excesivo. En cuanto a las causas sociales, los estados afectivos de la depresión son la respuesta a la falta de los lazos de unión que han sido indispensables para la supervivencia, como la desintegración de la familia; la disminución en el apoyo espiritual; la falta de vínculos con los vecinos, la familia y el trabajo, así como los cambios o migraciones (Calderón, 1984).

El cuadro clínico de la depresión presenta alteraciones en las esferas afectivas, intelectuales, conductuales y somáticas. En la afectiva, es común observar: tristeza, indiferencia, inseguridad, pesimismo, miedo, ansiedad e irritabilidad. En la esfera intelectual: percepción errónea; problemas de memoria, atención y comprensión, así como indefensión, autodevaluación e ideas persistentes. En la conductual se manifiesta: actividad y productividad disminuida, impulsos suicidas, ingestión de alcohol u otras sustancias que calman la ansiedad. En la esfera somática: alteraciones del sueño, del apetito, disminución de la libido, tensión muscular, problemas digestivos, cardiovasculares, entre otros. El comienzo del cuadro clínico es súbito y aparentemente relacionado con un detonante sentimental, económico, familiar o laboral.

Para poder medir la depresión, o saber si existe, se utilizan escalas que permiten recabar información y disminuir la variabilidad de esta en las personas con depresión. Si bien es cierto, en la práctica se utilizan como un medio de confirmación de la hipótesis clínica previamente establecida por el profesional en relación con su sintomatología. Las escalas más utilizadas son la Escala 2 (D) del Inventario Multifásico de la Personalidad de Minesota MMPI 2, la Escala de Hamilton, el Inventario de Beck y la Escala de Autoevaluación de Zung.

El tratamiento de la depresión más eficaz es la combinación de la administración de fármacos y la psicoterapia. El tratamiento farmacológico se efectúa con antidepresivos que contribuyen a mejorar el humor deprimido y a estabilizar el estado de ánimo. Los antidepresivos no actúan como estimulantes y tampoco generan dependencia, sólo efectos secundarios que desaparecen con el tiempo, como dolor de cabeza, problemas para dormir o inquietud, entre otros. Los antidepresivos son de tres clases distintas: los IMAO, los tricíclicos y los de segunda generación, muy recetados ahora por la menor cantidad y probabilidad de sufrir efectos secundarios, que actúan sobre la recaptación de la serotonina, la noradrenalina o norepinefrina y la dopamina. Las psicoterapias más eficaces son las cognitivas, que establecen la acción en la eliminación o modificación de las distorsiones que la persona efectúa y, como resultado, provocan el estado depresivo. También, en la terapia breve psicodinámica los conflictos psíquicos son la raíz de la depresión, por lo que es primordial dirigirse a la estima, confianza y autoagresión de la persona (Bellak y Small, 1970). Y están las terapias de apoyo, cuya finalidad es restablecer el equilibrio emocional y reducir los síntomas.

Trastorno depresivo mayor

Este trastorno indica un episodio depresivo que persiste durante al menos dos semanas y se caracteriza por un diario descenso del humor o por experimentar placer en las actividades, causando un problema en su funcionamiento óptimo.

La persona experimenta un estado de ánimo deprimido y pérdida de interés en sus actividades, pérdida o aumento de insomnio o hipersomnia, importante agitación o retraso psicomotor, falta de energía, sentimientos de inutilidad, disminución de la capacidad para concentrarse o tomar decisiones, así como pensamientos de muerte casi todos los días. El diagnóstico de la depresión sigue siendo clínico y se basa en la exploración de síntomas depresivos para poder identificarlo.

El sujeto que tiene este trastorno ha experimentado uno o más episodios depresivos mayores, sin haber sufrido nunca un episodio maniaco o hipomaniaco. Presenta manifestaciones visibles de tristeza y pérdida de placer, por lo que es muy probable que quienes sufren un episodio de depresión mayor y no reciben tratamiento, presenten otro; y también que se convierta ya en una enfermedad.

La OMS establece el diagnóstico de episodio depresivo mayor tomando en cuenta si es un episodio único o recurrente, la gravedad actual (leve, moderada o grave), la presencia de características psicóticas y el estado de remisión (periodo de mejoría), sea parcial o total. Los episodios en algunas personas van acompañados de síntomas psicóticos como los delirios, cuyo contenido consiste en temas relacionados con la culpabilidad, el castigo o la pobreza. También se pueden presentar alucinaciones y estupor depresivo sin cumplir con las características o criterios de un trastorno esquizoafectivo, esquizofrenia, trastorno esquizofreniforme, trastorno delirante u otro trastorno psicótico, como se verá más adelante.

En los episodios depresivos mayores, la tensión y la ansiedad se expresan en forma de abatimiento, alteraciones somáticas, quejas repetidas de inferioridad, desesperación y desprecio orientadas a lograr la adaptación. Los síntomas tienen la finalidad de mantener el contacto del individuo con el medio ambiente y no ir a un estado más profundo que lo llevaría a una psicosis franca. En términos psicodinámicos, evitando llegar a una desintegración psíquica, mediante sus quejas el sujeto busca que las personas que lo rodean, lo estimulen y equilibren sus sentimientos avasalladores de inferioridad provenientes del "Súper ego". Es un "Súper ego" tan exigente que hace ver que su "Ego o Yo" no cumple con sus exigencias y sólo queda sentir desprecio por sí mismo.

Los factores precipitantes tienen como común denominador la privación y la frustración de la persona que ya han excedido los límites de la tolerancia; además, son vulnerables a cualquier amenaza o destrucción de las fuentes que atienden a sus necesidades de dependencia y a su poca confianza básica. Los factores que desencadenan los episodios depresivos son la pérdida de amor o apoyo emocional, los fracasos personales o económicos y las nuevas o amenazas de nuevas responsabilidades. Vemos a una persona incapaz de afrontar las exigencias de su realidad y como forma de adaptación se refugia en expresiones depresivas para poder resguardarse, recibir el apoyo de otros y restablecer las fuentes que había perdido para poder enfrentarse a un mundo tan complicado que no podría enfrentar por sí solo.

En el caso de que la causa sea una pérdida, como el fallecimiento de un ser querido, la ruina económica, pérdidas debidas a una catástrofe natural, una enfermedad o discapacidad grave, es común que se den como respuesta sentimientos de tristeza intensa, rumiación (pensamientos nocivos y recurrentes) acerca de la pérdida, insomnio, pérdida del apetito y pérdida de peso, los cuales son síntomas que cumplen con los criterios de un episodio depresivo. Es importante tomar en cuenta también que son síntomas automáticos o respuestas apropiadas a la pérdida, sin que necesariamente impliquen que la persona esté pasando por un episodio depresivo.

El duelo es un proceso usualmente necesario para que la persona pueda alcanzar un nuevo estado de equilibrio estable y adaptativo. Para distinguir un duelo de un episodio depresivo mayor, es importante tomar en cuenta la culpabilidad. En la culpabilidad durante un duelo, el afecto predominante es el sentimiento de vacío y pérdida, mientras que en un episodio depresivo mayor, predomina el estado de ánimo deprimido persistente y la incapacidad de esperar felicidad o placer.

En el duelo, los síntomas van desapareciendo con el tiempo; sólo se producen las llamadas "punzadas de culpa", que son momentos en que se asocia la culpa a pensamientos o recuerdos del difunto, manteniéndose más o menos estable la autoestima del individuo, y cuando llega a presentar ideas de muerte se relacionan con encontrarse o reunirse con la persona que falleció.

En cambio, en el episodio depresivo mayor se mantiene constante, no se asocia a pensamientos o preocupaciones específicos, son frecuentes los sentimientos de no valer para nada y permanece el desprecio por él mismo, la idea de muerte se centra en el sentimiento de inutilidad, de no ser digno de vivir o de ser incapaz de hacer frente al dolor de la depresión (Sarason y Sarason, 2006).

En los episodios de depresión mayor la persona queda incapacitada propiamente para realizar actividades tan simples como las de su cuidado personal y para poder superar esto, o hasta en ocasiones seguir viviendo, se necesita de la ayuda de algún familiar u otra persona que pueda procurar, estimular o apoyar en actividades básicas de supervivencia.

En la parte clínica hay que tener cuidado en lo relacionado con los intentos de suicidio. Cuando la sintomatología es más grave y la situación parezca muy complicada, el riesgo de suicidio es mínimo porque su nivel de energía o intencionalidad es tan pobre que no podría ejecutarlo.

Pero cuando empieza a haber una mejoría, la persona ya realiza actividades básicas y su nivel de energía va en aumento, es más propensa a cometerlo; por ello, algunos sujetos diagnosticados con depresión mayor se suicidan cuando van mejorando. Esto desconcierta a quienes la rodeaban, pues la persona ya realizaba actividades —aunque fueran las básicas— por su propia cuenta y expresaba deseos de mejorar su condición.

El trastorno depresivo tiene que ver con la alteración en el estado de ánimo y la reducción de la energía (Cuadro 4.21).

Cuadro 4.21 Resumen de depresión mayor

DSM-5	CIE-10
• Estado de ánimo deprimido la mayor parte del día, casi todos los días. • Disminución importante del interés o el placer por las actividades la mayor parte del día, casi todos. • Pérdida importante de peso sin hacer dieta o aumento de peso. • Insomnio o hipersomnia casi todos los días. • Agitación o retraso psicomotor casi todos los días. • Fatiga o pérdida de energía casi todos los días. • Sentimiento de inutilidad o culpabilidad excesiva o inapropiada. • Disminución de la capacidad para pensar o concentrarse, o para tomar decisiones. • Pensamientos de muerte recurrentes.	• El código es F33. • Se denomina trastorno depresivo recurrente. • Caracterizado por episodios repetidos de depresión, como los descritos en F32 para el episodio depresivo. • En el episodio depresivo se sufre un decaimiento del ánimo, con reducción de energía y disminución de su actividad. Se deteriora la capacidad de disfrutar, el interés y la concentración. • El episodio depresivo y trastorno depresivo recurrente puede ser calificado como leve, moderado o grave, según la cantidad y la gravedad de sus síntomas, con o sin síntomas psicóticos.

Trastorno de desregulación destructiva del estado de ánimo

A veces, las personas parecen tener respuestas exageradas de rabietas o exaltaciones ante una situación que se llega a considerar que no lo ameritaba, como en el caso de que en un bar algún hombre voltee a ver a una chica y el novio tenga una reacción de coraje, lo encare y le llegue a sacar un arma y dispararle por el hecho de haber visto a su novia. Estamos hablando de un comportamiento anormal.

Este trastorno se caracteriza por las manifestaciones de cólera graves y recurrentes de forma verbal (como insultos, burlas o berrinches), así como en la forma conductual de los comportamientos comunes (la agresión física a personas o propiedades), cuya intensidad o duración son desproporcionadas a la situación o provocación. Las manifestaciones de cólera se presentan tres o más veces a la semana por cualquier evento y no sólo por una situación específica, ya que sus rabietas se dan tanto en casa como en la escuela o trabajo. La persona da la apariencia de ser agresiva e impulsiva y provoca conflictos en sus relaciones interpersonales. Comúnmente los síntomas comienzan antes de los 10 años, pero por su frecuencia no se debe diagnosticar después de los 18 años.

Las personas con este trastorno (Cuadro 4.22) son poco tolerantes a la frustración, a la espera y a la incomodidad. Por tanto, sus respuestas son una manifestación de que sus demandas deben ser atendidas en el momento, tal y como y cuando lo digan; expresan que son incapaces de soportar y manejar la frustración que les provoca el que no se cumplan sus deseos. Estamos ante individuos con una estructura de personalidad incapaz de afrontar situaciones que salen de su control o sus deseos. Su personalidad es muy vulnerable ante situaciones cotidianas y necesitan expresarse de esa manera para obtener o arrebatar lo que esperan o quieren. Su inmadurez psíquica o la carencia de mecanismos de defensa apropiados para enfrentar una realidad, se compensan con rabietas y berrinches, como niños muy pequeños que con el llanto y manifestaciones de frustración, ira y agresión logran que los demás accedan a sus demandas.

Cuadro 4.22 Resumen de criterios del trastorno de desregulación del estado de ánimo

DSM-5	CIE-10
• Accesos de cólera graves y recurrentes que se manifiestan verbalmente y/o con el comportamiento cuya intensidad o duración son desproporcionadas a la situación o provocación. • Los accesos de cólera se producen, en término medio, tres o más veces por semana. • El estado de ánimo entre los accesos de cólera es persistentemente irritable o irascible la mayor parte del día, casi todos los días.	• El código es F34. • Se denomina como otros trastornos del humor persistentes.

Trastorno depresivo persistente (distimia)

Los individuos con este trastorno se han sentido deprimidos por varios años. Comprende síntomas depresivos leves y crónicos que ya parecen normales en ellos; se han convertido en parte de su personalidad y de su vida diaria.

Quienes lo sufren desarrollan síntomas depresivos durante dos o más años; no se identifica con claridad su inicio y los pacientes afirman haberlos tenido desde siempre o desde mucho tiempo atrás.

Tal es el caso de Héctor, de 22 años, quien asiste conmigo a consulta psicológica, llevado por su madre debido a que no encuentra trabajo y no tiene amistades. Expresa que ha tenido pocos empleos y cuando los tiene dura muy poco en ellos. Nunca ha tenido novia y sólo tiene como amigos a dos compañeros de la secundaria, aunque su convivencia era muy poca. Su familia le dice que se esfuerce, que se supere; él expresa que lo ha intentado pero no ve resultados y cree que las cosas siempre serán así, que todo lo que hace, lo hace mal y su vida es un caos. Durante la entrevista, al describir su vida cotidiana, muestra claras manifestaciones de melancolía en las actividades que realiza; no las disfruta y tampoco tiene el deseo de hacerlas o realizar otras actividades: no tiene ganas de comer, es pesimista, con baja autoestima, sin sentido del humor, con sentimientos de culpa y siempre está ensimismado.

Como se observa en el caso de Héctor, en el trastorno de distimia se presenta un estado de ánimo deprimido durante la mayor parte del día. Otras veces, la distimia está ausente y atiende a los síntomas de depresión mayor, aunque con menor intensidad, como tener poco apetito, insomnio, poca energía en sus actividades o fatiga, una autoestima baja, falta de concentración, dificultad para tomar decisiones y sentimientos de desesperanza o de que las cosas siempre estarán mal.

La distimia se diferencia del trastorno depresivo mayor por su curso de desarrollo que es crónico y una cantidad considerable de individuos también tienen un trastorno de personalidad (Halgin y Krauss, op. cit., p. 279). En la distimia hay un poco de energía, por lo que la persona puede hacer sus labores cotidianas y tener un grado de actividad en su atención personal relativamente funcional.

Es decir, no llega al grado de ser totalmente dependiente en lo personal; sin embargo, en lo social expresa un malestar importante, así como una gran dificultad de adaptación para atender a las exigencias correspondientes a su edad de vida, como tener un trabajo, o una familia, ser independiente económicamente, etcétera.

Es probable que en una persona se presente la distimia y posteriormente el episodio depresivo mayor; a esta condición se le denomina depresión doble.

El DSM-5 establece más criterios para el diagnóstico de distimia que la CIE-10 (Cuadro 4.23).

Cuadro 4.23 Resumen de criterios del trastorno de distimia

DSM-5	CIE-10
• Accesos de cólera graves y recurrentes que se manifiestan verbalmente y/o con el comportamiento, cuya intensidad o duración son desproporcionadas a la situación o la provocación. • Los accesos de cólera se producen, como término medio, tres o más veces por semana. • El estado de ánimo entre los accesos de cólera es persistentemente irritable o irascible la mayor parte del día, casi todos los días.	• El código es F34. • Se denomina como otros trastornos del humor persistentes.

CONTENIDO APLICADO

A sus 25 años, Angélica se encuentra en tratamiento psicológico debido a que —como me refiere en su primera consulta— tiene sentimientos de tristeza, desesperanza, insatisfacción y desinterés generalizado por casi todo lo que le rodea. Pide que le explique por qué le pasa esto si ella quiere sentirse mejor, sólo que no lo consigue.

También le preocupa que, aunque le gusta el conocimiento, no se puede concentrar en nada y ha abandonado todo proyecto o actividad que ha emprendido. Su apariencia física y su comportamiento general son adecuados. Se muestra con expectativas positivas ante el tratamiento psicológico.

El problema se originó cuando a los 18 años terminó la preparatoria con un gran promedio y muchos reconocimientos y no supo, ni sabe, cuál carrera elegir y en qué universidad presentar su examen de admisión. Considera que esa duda la sobrepasó, afectando su capacidad de solución de problemas y de toma de decisiones. A partir de ahí ha presentado constantemente tristeza, insatisfacción, así como inseguridad en sí misma y sentimientos de inferioridad.

Transcurridos dos años desde este acontecimiento, falleció la madre de Angélica, después de la lucha contra una depresión severa en la que vivió por años, con lo que ella supone fue el derrumbe total. Aparecieron sentimientos de culpa, desamparo y falta de interés por las cosas.

Dice que presenta mal humor, falta de energía y fatiga, a pesar de que está siempre en casa con poca actividad y con cuidados que recibe de sus dos hermanas y su abuela. Ha tenido pérdida de peso, ya que se siente culpable por no haber podido ayudar a su madre para que no falleciera. Actualmente ha habido muy leves progresos en el interés por las cosas y un ligero aumento de energía en sus actividades.

Cuadro 4.24 Contenido aplicado al caso de Angélica

Diagnóstico con base en el DSM-5	Diagnóstico con base en la CIE-10
Dx. Trastorno depresivo persistente (distimia) • Con características melancólicas • En remisión parcial • Con inicio temprano • Con síndrome distímico puro • Gravedad actual moderada	Dx. F34. 1 Distimia
Análisis desde la perspectiva multidimensional	**Análisis desde la perspectiva psicodinámica**
El evento activador es la duda sobre el futuro a seguir, expresado en la	La reacción neurótica depresiva de Angélica es una forma de reacción

elección de carrera. En las influencias biológicas del trastorno del estado de ánimo de Angélica está la vulnerabilidad heredada por la madre, suponiendo una alteración en los neurotransmisores y sistemas neurohormonales.

Las influencias sociales se dan en la falta de apoyo social para atender los síntomas debido a que toda la familia estaba concentrada en su mamá. Ante el evento estresante de una decisión importante de vida y aunado al fallecimiento de la madre surgen atribuciones negativas expresadas en la sensación de desesperanza, actitudes disfuncionales y culpabilidad.

La consecuencia es la depresión persistente.

en primera instancia ante la amenaza de fracaso y posteriormente ante la pérdida. Las frustraciones o privaciones que exceden los límites de la tolerancia individual son las que precipitan las reacciones depresivas.

El factor precipitante para esta perspectiva es el de nuevas responsabilidades o de que las vaya a haber. Esto como una manifestación inconsciente de culpabilidad de poder alcanzar algún triunfo o felicidad, cuando en casa su madre vive lo contrario.

A su vez, al generar una nueva responsabilidad como universitaria, expresa una necesidad de dependencia, amor y protección. Es entonces que al fallecer su madre la ubica en la pérdida de esa fuente de satisfacción de sus necesidades inconscientes.

En un terreno más amplio, las manifestaciones de Angélica expresan una regresión[1] profunda que reactiva fantasías y conflictos pertenecientes a una fase de desarrollo preedípico.[2]

---

[1] Mecanismo de defensa. En el Cuadro 2.16 se incluye su descripción.

[2] Periodo del desarrollo psicosexual anterior a la instauración del complejo de Edipo; en él predomina el vínculo con la madre.

TRASTORNOS RELACIONADOS CON TRAUMAS
Y FACTORES DE ESTRÉS

El estrés se ha citado como un factor que facilita múltiples trastornos, sean de carácter familiar, laboral, social y haber vivido un evento catastrófico provoca una reacción orgánica que altera los mecanismos homeostáticos de nuestro organismo. La posibilidad de padecer situaciones estresantes depende en gran medida de la capacidad de afrontamiento de la persona. Las habilidades de afrontamiento tienen que ver con cómo la persona puede enfrentar y resolver las situaciones que parecen no tener solución.

Todas las personas sufrimos de estrés en más de una ocasión en nuestra vida y existen respuestas que pueden considerarse normales, pero la anormalidad se conceptualiza cuando la preocupación excesiva por sus emociones lleva al sujeto a experimentar pánico o agotamiento, tener pensamientos o imágenes que interfieren con el funcionamiento normal, reacciones fisiológicas fuertes y persistentes, y, con el paso del tiempo, perder la capacidad de sentir afecto por otro o incluso trabajar.

Los factores sociales y del ciclo de la vida juegan un papel importante, así como la tendencia biológica y la vulnerabilidad ante situaciones estresantes son los desencadenantes del estrés y de sus manifestaciones no adaptativas.

Un ejemplo: el director de un hospital eficiente y con buenos resultados. Su puesto le obliga a vivir situaciones estresantes, pero su capacidad de afrontamiento y control lo ayudan a tener un rendimiento y una adaptación a los requerimientos óptimos. Sin embargo, las transiciones de la vida, como el nacimiento de un hijo, el inicio en cada etapa de la vida de una persona, los cambios biológicos y sociales del desarrollo físico y cronológico, el trabajo, el matrimonio, el cambio de hogar, los problemas del desarrollo de los hijos, el envejecimiento y la muerte pueden ocasionar alteraciones en el pensamiento, el comportamiento, las emociones y, en general, un mal funcionamiento del organismo.

Las respuestas ante el estrés pueden ser psicológicas, orgánicas y conductuales. Las respuestas psicológicas son: molestia, irritabilidad, preocupación, distracción, dificultad en la toma de decisiones, desconfianza y pensamientos catastróficos recurrentes. Las reacciones orgánicas se expresan con: aumento de la respiración y la frecuencia cardiaca, transpiración y tensión muscular. Las respuestas conductuales se observan en: deterioro del desempeño, aumento o reducción del sueño o del apetito, morderse las uñas, movimientos de pies o manos, propensión a accidentes, fumar o tomar alcohol.

Para Farre y colaboradores (2012), las fuentes más comunes que producen estrés son la frustración, la presión, las desgracias, los grandes acontecimientos y el entorno. Entran en conflicto cuando dos o más impulsos no pueden ser satisfechos, como en los tipos de atracción-atracción (escoger entre dos buenas opciones), de evitación-evitación (se ve obligado a escoger entre dos o más opciones negativas), de atracción-evitación (el conseguir algo bueno conlleva algo malo) y de atracción y evitación múltiple (elegir entre varias alternativas, todas con consecuencias positivas y negativas).

La vivencia del estrés supone que el individuo debe hacer frente a demandas o situaciones difíciles. Las habilidades de afrontamiento pueden resumirse en: buscar información o usar una red de ayuda cuando se necesita; redefinir la situación estresante de modo que le permita resolverla; establecer las alternativas, sus beneficios y consecuencias; orientarse a la resolución; automonitorearse; ser realista con lo que se puede lograr, y tener un panorama constructivo. Richard Lazarus (2000) sostiene que la primera cuestión es la percepción de la amenaza y posteriormente la percepción de los recursos para disminuir dicha amenaza y solucionar el problema.

Trastorno de apego reactivo

También es denominado trastorno de vinculación reactiva en la niñez debido a que el niño tiene un patrón inhibido emocionalmente en sus relaciones sociales. Se manifiesta en el retraimiento hacia los adultos, como sus papás o su maestra, y en que rara vez busca consuelo en ellos. Además, expresa una reacción mínima en lo emocional o social hacia los demás, acompañada de episodios de irritabilidad, tristeza o miedo injustificado. Surge alrededor de los cinco años de edad o antes y su característica esencial es la incapacidad para relacionarse socialmente con los compañeros y los adultos; su relación está muy distorsionada y no se desarrolla adecuadamente en la mayoría de los contextos.

Entre los factores asociados con este trastorno se encuentran la negligencia o carencia social, manifestada por la incapacidad de cubrir las necesidades emocionales básicas que brinden al niño bienestar, estímulo y afecto por parte de los padres o tutores. Asimismo, por los cambios repetidos de los cuidadores primarios, que reducen la oportunidad de elaborar un apego estable y que, aunados a una posible historia de maltrato grave, darán como resultado las alteraciones en el comportamiento del niño.

Las manifestaciones pueden tomar dos formas:

- De forma inhibida, en la que de manera persistente no inicia ni responde a la mayoría de las interacciones sociales apropiadas para el desarrollo.

- De forma desinhibida, en la que muestra una sociabilidad indiscriminada o la falta de selectividad al escoger las figuras a las que se apega (familiaridad excesiva con extraños a quienes les pide cosas y les demuestra afecto).

Otra característica en algunos niños es la agresión, bien sea relacionada con la falta de empatía o con un mal control de los impulsos hacia otros niños, ya que tiene dificultad para comprender cómo su comportamiento afecta a otros. Ataca y causa daño a animales, a niños más pequeños o a sus compañeros. Con frecuencia, esta agresión se acompaña de falta de emoción o remordimiento.

Los síntomas más comunes son el comportamiento destructivo hacia sí mismo y hacia otros, la falta de sentimientos de culpa o de remordimiento, la negación a contestar preguntas simples y a asumir la responsabilidad de sus actos, un contacto visual pobre, falta de pensamiento de causa y efecto, comportamientos sexuales inadecuados, apego inapropiado, malas relaciones con los compañeros y falta de control de los impulsos. Para sentirse seguros, estos niños pueden buscar cualquier forma de apego, como abrazarse a extraños y decirles que los quieren, o comportamientos tranquilizadores como la oscilación y el golpeteo de la cabeza, o morder, rasguñarse o cortarse. Estos síntomas aumentarán durante épocas de estrés o de amenaza.

El trastorno de apego reactivo se manifiesta exclusivamente en los niños (Cuadro 4.25).

Cuadro 4.25 Resumen de criterios del trastorno de apego reactivo

DSM-5	CIE-10
• Patrón constante de comportamiento inhibido, emocionalmente retraído hacia los cuidadores adultos.	• El código es F94.1.
	• Comienza durante los primeros cinco años de la vida.
• Reacción social y emocional mínima a los demás.	• Presenta anormalidades persistentes en el patrón de relaciones sociales.
• Afecto positivo limitado.	• Interacción social pobre con otros niños, agresión contra sí mismo y contra los demás.
• Episodios de irritabilidad, tristeza o miedo inexplicado.	
• El niño ha experimentado un patrón extremo de cuidado insuficiente.	

Trastorno de estrés postraumático

El trastorno de estrés postraumático (TEPT) es un trastorno emocional que sigue a la exposición de una amenaza en la que se experimenta temor o desamparo. Un estrés alto e incontrolable para la persona, así como la reducción o poca eficacia de las habilidades de afrontamiento, pueden originar secuelas experimentadas por el individuo como la imposibilidad de superar una experiencia traumática, que puede darse tanto en adultos como en adolescentes y niños.

El evento traumático experimentado está fuera de las proporciones cotidianas normales, como el secuestro, el abuso sexual, un desastre natural, un accidente o cualquier situación en que esté en peligro su vida o la de alguien querido, o bien, en la que estén en juego la agresión y la amenaza a su integridad física. Las características esenciales son hiperactivación, evitación y reexperimentación repetidas. La hiperactivación está expresada en los múltiples comportamientos de actividad física para mantenerse ocupado y reducir la ansiedad que sienten. La evitación se vive en las acciones o estrategias que le eviten recordar el suceso traumático con actividades o pensamientos, mientras que la reexperimentación se expresa en que la persona revive el suceso constantemente con pensamientos perturbadores, recuerdos, pesadillas o sensaciones acompañados de un estado de indefensión. La incapacidad de afrontamiento provoca deterioro o malestar significativos en la persona. Asimismo, esta desarrolla un temor intenso, impotencia u horror ante los recordatorios propios o del ambiente del suceso traumático, llegando al incremento de una ansiedad que es poco controlable. Este trastorno estaba catalogado por la APA como un trastorno de ansiedad debido a su etiología, pero, atendiendo a su sintomatología, ahora se clasifica dentro de los trastornos de estrés.

Los síntomas se clasifican como intrusivos y de evitación. Los síntomas intrusivos son: recuerdos angustiosos recurrentes e involuntarios; sueños angustiosos persistentes cuyo contenido y/o el afecto del sueño están relacionados con el suceso traumático; reacciones disociativas en las que la persona siente o actúa como si se repitiera el evento; malestar psicológico intenso o prolongado al exponerse a factores internos o externos que simbolizan o se parecen a un aspecto de la experiencia vivida, y reacciones fisiológicas intensas desarrolladas. En los niños, la representación específica del trauma puede tener lugar en el juego. Los síntomas de evitación son la propia evitación o esfuerzos para evitar recuerdos, pensamientos, sentimientos o situaciones angustiantes acerca del suceso traumático o estrechamente asociados con este.

Las manifestaciones intrusivas de los pensamientos o sueños y las de evitación, se encuentran entremezcladas con el desapego y desinterés en las actividades de su vida cotidiana; se concentra exclusivamente en su situación y en su estado de indefensión. Incluso la muerte de un ser querido puede considerase como una experiencia traumática, aun cuando al momento no se experimente ninguna sensación anormal del suceso, pero posteriormente sí lo habrá. Puede suceder que al día siguiente del funeral o al regreso a casa después de ser secuestrado, se experimenten las sensaciones de preocupación y tristeza comunes, sin estar fuera de lo normal; o bien que en los primeros días la persona se encuentre estable, fuerte y capaz de afrontar el suceso, pero posteriormente lo invadan el recuerdo, el miedo, la amenaza de que le suceda otra vez a alguna persona querida o a ella misma. Si la condición aparece después de los tres meses del suceso se le denomina aguda y si aparece después de seis meses se le considera demorada. Cuando el TEPT es agudo hay mayor probabilidad de recuperación.

Como podrá observarse, el TEPT (Cuadro 4.26) no sólo ocurre cuando la persona ha vivido la experiencia directa del suceso traumático, sino también cuando hay presencia directa del suceso ocurrido a otros. El conocimiento de que el suceso traumático ha ocurrido a un familiar próximo o a un amigo íntimo (en este caso, la amenaza o realidad de muerte es por un hecho violento o accidental) no sólo incluye la exposición real a un suceso; la amenaza se considera también como un hecho traumático, por ejemplo, en las situaciones de muerte, lesión grave o violencia sexual que estuvo al borde de ser consumada.

La exposición repetida o extrema a detalles repulsivos del evento traumático contribuye al desarrollo del TEPT, como en los casos de policías o bomberos que se exponen a innumerables situaciones de amenaza a su integridad. La exposición repetida no aplica a medios electrónicos, televisión, películas o fotografías, a menos que esta exposición esté relacionada con el trabajo.

Otras manifestaciones recurrentes son las alteraciones negativas cognitivas y del estado de ánimo, la percepción distorsionada, la incapacidad persistente de experimentar emociones positivas y el deterioro en el funcionamiento del individuo, como mínimo un mes después de la vivencia traumática.

En algunos casos se llega a experimentar síntomas disociativos, como la despersonalización (como si la persona sólo fuera un observador externo del propio proceso mental o corporal) y la desrealización (el mundo alrededor del individuo se experimenta como irreal, como en un sueño, distante o distorsionado).

En el tratamiento exitoso de este trastorno se incluye la utilización de una gran variedad de medicamentos que dependen de la sintomatología que cada persona presenta; por ejemplo, los ansiolíticos en personas que presentan síntomas de hiperexcitabilidad, los anticonvulsivos para los que presentan impulsividad y recuerdos súbitos, y los ansiolíticos en los casos de retraimiento social. Según Meichenbaum (1998), las estrategias cognitivo conductuales de la terapia psicológica deben abarcar la buena relación entre terapeuta y cliente caracterizada por el apoyo y la compasión; alentarlos a la reconstrucción cognitiva de forma positiva; identificar y afrontar problemas de forma específica y no general, y desarrollar conductas y sentimientos de afrontamiento, adaptación y bienestar. Como hemos visto, el TEPT se desarrolla después de un evento traumático (Cuadro 4.26).

Cuadro 4.26 Resumen de criterios del TEPT

DSM-5	CIE-10
• Exposición a la muerte, lesión grave o violencia sexual, ya sea real o amenaza de una experiencia directa ocurrida a la persona u a otra, por conocimiento o por la exposición repetida a sucesos repulsivos.	• El código es F43.1. • Respuesta a un suceso o a una situación estresante de naturaleza amenazante o catastrófica. • Episodios repetidos en que se revive el trauma a través de recuerdos intrusos, sueños o pesadillas.

• Presencia de recuerdos o sueños angustiosos del suceso traumático, reacciones disociativas, malestar psicológico y/o reacciones fisiológicas intensas. • Evitación persistente de estímulos asociados al suceso traumático. • Alteraciones negativas cognitivas y del estado de ánimo asociadas al suceso traumático.	• Estado de alerta excesivo en la esfera autonómica, con hipervigilancia, incremento de la reacción de alarma e insomnio.

Trastorno de estrés agudo

Una experiencia traumática provoca efectos psicológicos y fisiológicos. Este trastorno también se desarrolla después de la vivencia directa o indirecta de un suceso traumático.

En el caso del trastorno de estrés agudo, su aparición es transitoria con el desarrollo de un temor intenso, impotencia u horror en una persona que no tiene ningún otro trastorno mental aparente, en respuesta al estrés físico y mental excepcional; habitualmente remite en un lapso de horas o de días. Existen síntomas de disociación, intrusión, reexperimentación y evasión, como en los del TEPT y su descripción clínica. Otros síntomas son:

- Estado de ánimo negativo: incapacidad persistente de experimentar emociones positivas como alegría, satisfacción o amor.

- Síntomas de alerta: alteración del sueño; comportamiento irritable y arrebatos de furia aun ante una escasa (o ninguna) provocación expresada en la agresión verbal o física contra personas u objetos; hipervigilancia, problemas en la concentración y respuestas de sobresalto exageradas.

- Los síntomas son cambiantes y mezclados: comprenden un estado inicial de "aturdimiento", disminución de la conciencia y la atención, así como incapacidad para captar estímulos y desorientación.
- La duración del trastorno es de tres días a un mes después de la exposición al trauma.

La vulnerabilidad individual y la capacidad de adaptación de la persona son los determinantes de la aparición de este trastorno. Es por ello que con frecuencia hay signos de pánico grave ansioso, como taquicardia, sudor y rubor. Los síntomas suelen aparecer minutos después del impacto del estímulo o suceso estresante y desaparecer en un lapso de dos o tres días y a menudo en horas, pudiendo haber amnesia total o parcial del episodio. En el DSM-5, para establecer el diagnóstico de estrés agudo, es importante el tiempo en que se presenta el mismo (Cuadro 4.27).

Cuadro 4.27 Resumen de criterios del trastorno de estrés agudo

DSM-5	CIE-10
• Exposición a la muerte, lesión grave o violencia sexual, ya sea real o como amenaza. • Presencia de intrusión, estado de ánimo negativo, disociación, evitación y alerta, que comienza o empeora después del suceso traumático. • La duración del trastorno es de tres días a un mes después de la exposición al trauma.	• El código es F43.0. • Se denomina Reacción al estrés agudo. • Trastorno transitorio que se desarrolla en una persona que no tiene ningún otro trastorno mental aparente, en respuesta a un estrés físico y mental excepcional y que habitualmente remite en un lapso de horas o de días. • Los síntomas aparecen minutos después del impacto del estímulo o suceso estresante, y desaparecen en un lapso de dos o tres días.

Trastorno de adaptación

En este trastorno se encuentra la persona que no puede adaptarse a la situación actual, debido a factores relacionados con el estrés, a partir de tres meses atrás.

Las situaciones estresantes pueden ser partes del ciclo de vida, como el matrimonio, el divorcio, el nacimiento de un hijo, o situaciones ocasionales, como un ascenso, el rechazo o el cambio de residencia.

En este caso, la característica es que el trastorno desaparece cuando las situaciones estresantes ya no están o la persona desarrolla la habilidad para adaptarse. Lo importante en este trastorno es identificar a qué no puede adaptarse.

En esta condición se desarrollan síntomas emocionales que ocasionan un malestar desproporcionado en relación con el estresor y deterioro en alguna área de la persona, los cuales por lo común desaparecen con el paso del tiempo.

Los estados de angustia subjetiva y de perturbación emocional surgen en la etapa de adaptación a un cambio vital significativo o a un suceso vital estresante.

La predisposición o la vulnerabilidad individual desempeñan un papel importante en el desarrollo de la dificultad de adaptación, provocando una reacción depresiva breve o prolongada o una perturbación de otras emociones y de la conducta.

Las diferentes manifestaciones de los trastornos de adaptación pueden presentarse con sentimientos de desesperanza (con estado de ánimo) o con predominio de preocupación o ansiedad de separación.

También pueden presentarse de manera mixta, es decir, la combinación de depresión y ansiedad, así como la alteración de la conducta o alteración en las emociones o de forma combinada.

En el Cuadro 4.28 se comparan los criterios del trastorno de adaptación.

Cuadro 4.28 Resumen de criterios de los trastornos de adaptación

DSM-5	CIE-10
• Desarrollo de síntomas emocionales o del comportamiento en respuesta a un factor o factores de estrés identificables que se producen en los tres meses siguientes al inicio del factor de estrés. • Los síntomas o comportamientos son clínicamente significativos.	• El código es F42. • Estados de angustia subjetiva y de perturbación emocional, que interfieren con el funcionamiento y con el desempeño social y que surgen en la fase de adaptación a un cambio vital significativo o a un suceso vital estresante. • El rasgo predominante puede consistir en una reacción depresiva breve o prolongada o en una perturbación de otras emociones y de la conducta.

CONTENIDO APLICADO

Irene, de 27 años de edad, asiste a consulta psicológica debido a que hace dos meses fue secuestrada cuando estaba en una fiesta con su novio. Narra que la tuvieron amarrada y con los ojos vendados durante una semana y sufrió maltrato físico y emocional. Hasta que la familia juntó el dinero solicitado por los secuestradores, la dejaron libre en la carretera México-Puebla, en la nada, durante la madrugada; después de caminar durante dos horas encontró a alguien que la ayudó y la llevó a las autoridades, para después encontrarse con sus familiares.

Después de siete semanas de su liberación, se encuentra en casa con recuerdos persistentes de lo vivido que le provocan mucha ansiedad, así como pesadillas de que vuelve a ser secuestrada pero esta vez sí la matan. No quiere salir más allá de la esquina de su casa, pues considera que pueden buscarla los secuestradores nuevamente. El pensarlo le causa preocupación y miedo.

Cuando tiene estos recuerdos, se ponen de manifiesto algunas alteraciones fisiológicas, en especial cuando la visita el novio en su casa. Ni pensar en salir a algún lado a divertirse o a una fiesta; cuando se lo proponen ella siente temor y se pone a la defensiva.

Expresa que no puede confiar en nadie, solamente en su abuela.

En ocasiones imagina que hubiera sido mejor que la mataran, ya que su familia (sus padres y un hermano menor) es un caos y a nadie le importa lo que le ocurre a los demás.

Hasta su novio le causa desconfianza pues lo considera como el culpable de todo: "Antes me habían tocado fiestas en que se daban desórdenes, golpes y hasta balazos, pero nunca que me secuestraran... mi hermano y mis primos han estado en cosas peores y nunca les pasó algo así".

Actualmente no asiste a trabajar ya que no siente la confianza de retomar su vida, en especial porque no puede concentrarse y siempre piensa y desea que no lo vuelva a ocurrir lo mismo.

Se mantiene en alerta por si algo pudiera pasar, pero sobre todo porque dice que nadie la apoya: "Ya se olvidaron de lo que me ocurrió, mi familia sólo me dice que ya pasó, que me cuide cuando salga y que le eche ganas, pero nadie me pregunta cómo voy o cómo me siento... sólo mi abuelita, que es quien me procura..."

Cuadro 4.29 Contenido aplicado al caso de Irene

Diagnóstico con base en el DSM-5	Diagnóstico con base en la CIE-10
Dx. Trastorno de estrés postraumático • Sin síntomas disociativos	Dx. F43.1 Trastorno de estrés postraumático

Análisis desde la perspectiva multidimensional	Análisis desde la perspectiva psicodinámica
En el caso existe de antemano una vulnerabilidad heredada, expresada en la personalidad que la predispone a la experiencia del trauma haciendo que Irene se encuentre en situaciones de riesgo en las que aumentan las probabilidades de que ocurriera dicho trauma. Esta vulnerabilidad determina la clase de ambiente en la cual se vive y, por tanto, el tipo de trastorno que puede desarrollar, en este caso el TEPT.	Ante el efecto del choque que el secuestro causó en Irene, esta se siente incapaz de protegerse por carecer de defensas psicológicas adecuadas. El camino más viable es hacia una regresión a la etapa infantil. La niña experimenta el estrés del poder cubrir sus necesidades y plantea una exigencia a los demás de que deben atender dichas necesidades y a sus demandas, ya que ella es incapaz de satisfacerlas.
Se observa también la vulnerabilidad psicológica generalizada en la poca tolerancia a los niveles de estrés, pues esta perspectiva afirma que la inestabilidad familiar contribuye a esa poca tolerancia al estrés, y hace que Irene vea al mundo como un sitio incontrolable y potencialmente peligroso.	Se pone de manifiesto una alteración en los límites funcionales que protegen al Ego de intrusiones del Id, como los impulsos de agresión y muerte que expresa Irene en su vida.
Al vivir el evento traumático se manifiestan emociones intensas, que involucran a un gran número de sistemas neurobiológicos y una aprensión ansiosa centrada en dichas emociones.	Afortunadamente, la abuela juega el papel de continente, ya que es ella como figura materna quien actúa como Ego temporal, reforzando el Ego infantil de Irene que se enfrenta a una realidad intolerable y amenazante.
En cuanto a los factores sociales, es de vital importancia la red de apoyo que recibe de la familia u otras instancias, y la situación de Irene es muy limitada.	
Es por ello que, ante todo lo anterior, Irene desarrolla TEPT.	

TRASTORNO BIPOLAR

Los trastornos bipolares, antes llamados maniaco-depresivos, se caracterizan por la aparición de episodios de depresión y manía con periodos de estado normal entre los intervalos. Las personas experimentan cambios en el estado de ánimo.

En muchas ocasiones se dice que una persona es bipolar debido a que se muestra alegre, cooperadora o tranquila y luego se encuentra de mal humor, irritable o molesta. Esta es una aseveración falsa, ya que el cuadro clínico no se basa en los cambios de humor. En el caso de los trastornos bipolares el cambio no precede a una situación externa provocada por el medio circundante para que se pase de la alegría a la tristeza o viceversa, como en esos casos.

Es muy importante destacar que los trastornos bipolares expresan una depresión mayor y no sólo episodios de tristeza o melancolía, y que de ahí se alternan con episodios maniacos o hipomaniacos.

La depresión es el estado en el que la persona experimenta pesimismo, desesperación, enojo, ansiedad, menor interés por las situaciones de la vida, así como una reducción o poca manifestación de energía, o goce de placer.

La manía es un estado de ánimo elevado, caracterizado por la exaltación vital que puede expresarse en euforia, excitación psicomotriz, pensamiento acelerado, atención dispersa, autoestima exagerada, grandiosidad, verborrea y síntomas físicos como insomnio, taquicardia, anorexia o aumento del impulso sexual. La manía también provoca angustia y deterioro significativo en la persona.

En este trastorno deben existir episodios en los cuales el humor y los niveles de actividad del paciente se alteren gravemente. Y son expresados en ocasiones con una elevación del humor, incremento de la energía y de la actividad (hipomanía o manía) y otras veces, con un decaimiento del humor, disminución de la energía y de la actividad (depresión). Los episodios repetidos de hipomanía o de manía solamente se clasifican como trastornos bipolares.

Existen distintas clasificaciones en la CIE-10 para el trastorno bipolar, con base en la sintomatología actual que presenta la persona en el momento de su atención médica:

- En episodio hipomaniaco

- En episodio maniaco presente sin síntomas psicóticos

- En episodio maniaco presente con síntomas psicóticos

- En episodio depresivo presente leve o moderado

- En episodio depresivo grave presente sin síntomas psicóticos

- En episodio depresivo grave presente con síntomas psicóticos

- En episodio mixto presente (mezcla de síntomas maniacos y depresivos, o bien cambio rápido de unos a otros)

- Trastorno afectivo bipolar, actualmente en remisión (no sufre ninguna perturbación significativa del ánimo ahora ni la ha sufrido en varios meses).

Para el DSM-5, al diagnosticar bipolaridad se deben colocar los especificadores de gravedad, psicóticos y de remisión, que son los siguientes:

- Con ansiedad y si la gravedad es leve, moderada, moderada-grave o grave.

- Con características mixtas: se presenta episodio de manía, o hipomanía y depresivo.

- Con ciclos rápidos: se presentan al menos cuatro episodios del estado de ánimo en los 12 meses anteriores.

- Con características melancólicas: ausencia casi completa de placer y de reactividad y se aplica sólo si se encuentra en la fase más grave del episodio.

- Con características atípicas: hay alguna manifestación de contraposición a los síntomas comunes del episodio depresivo.

- Con características psicóticas congruentes con el estado de ánimo.

- Con características psicóticas no congruentes con el estado de ánimo.

- Con catatonia.

- Con inicio en el periparto: se produce durante el embarazo o cuatro semanas después del parto.

- Con patrón estacional: se aplica al patrón de episodios del estado de ánimo a lo largo de toda la vida

Las reacciones maniacas parecen ser una forma de resolver los conflictos que amenazan con caer en una depresión, debido a que su personalidad es sumamente dependiente y demandante, incapaz de manejar la realidad externa de forma adulta y eficaz.

Se expresa una relación de placer momentáneo y cambiante en las relaciones de objeto, como cuando el niño sólo toma las cosas por tomarlas, sin ningún propósito o goce de los mismos. Los maniacos parecen irresponsables y muy frecuentemente lo son; se conducen como si tuvieran el derecho de hacer lo que les plazca y sus actitudes resultan infantiles y poco realistas. Las causas se asocian con factores genéticos. Lo heredable no es el trastorno, sino la vulnerabilidad ante factores o situaciones estresantes. En esta situación, los factores estresantes, como los ambientales y los familiares, son los desencadenantes o los que desarrollan los síntomas del trastorno de bipolaridad, así como la vulnerabilidad psíquica ante la pérdida de amor, seguridad personal y estima de sí mismo.

Trastorno bipolar I

El curso clínico consiste en que la persona experimenta uno o más episodios maniacos y ha experimentado episodios depresivos (aunque no necesariamente los debió haber tenido) o la alternancia de episodios depresivos con episodios maniacos completos. Antes o después del episodio maniaco pudo haber existido episodios de depresión mayor o hipomaniacos.

El episodio maniaco es un periodo de estado de ánimo anormal y persistentemente elevado, expansivo o irritable, que dura como mínimo una semana; está presente la mayor parte del día o casi todos los días, y no fue provocado por los efectos fisiológicos de una sustancia. Para ser diagnosticado, durante el periodo de alteración del estado de ánimo y aumento de la energía o actividad deben existir al menos tres de los siguientes síntomas:

- Aumento de la autoestima o sentimiento de grandeza

- Disminución de la necesidad de dormir

- Mostrarse más hablador de lo habitual o ejercer presión para mantener la conversación

- Fuga de ideas o experiencia subjetiva de que los pensamientos van a gran velocidad

- Facilidad de distracción

- Aumento de la actividad dirigida a un objetivo o agitación psicomotora (actividad sin ningún propósito no dirigida a un objetivo)

- Participación excesiva en actividades que tienen muchas posibilidades de consecuencias dolorosas

La alteración del estado del ánimo es suficientemente grave como para causar un deterioro importante en el funcionamiento de la persona, y en ocasiones se necesita que se le hospitalice con el fin de evitar dañarse a sí mismo o a otros.

En el episodio de depresión mayor, los síntomas están presentes en al menos dos semanas. Para que este trastorno sea diagnosticado, los síntomas deben causar malestar significativo o deterioro en áreas importantes del funcionamiento y no atribuirse a los efectos fisiológicos de una sustancia o de otra afección médica, y deberán cubrirse al menos cinco de los síntomas siguientes casi todos los días:

- Estado de ánimo deprimido

- Disminución importante del interés o el placer por todas o casi todas las actividades

- Pérdida importante de peso sin hacer dieta o aumento de peso

- Insomnio o hipersomnia

- Agitación o retraso psicomotor

- Fatiga o pérdida de la energía

- Sentimientos de inutilidad o de culpabilidad excesiva o inapropiada

- Disminución de la capacidad para pensar o concentrarse, o de tomar decisiones, casi todos los días

- Pensamientos de muerte recurrentes (no sólo miedo a morir), ideas suicidas recurrentes sin un plan determinado, intento de suicidio o un plan específico para llevarlo a cabo (DSM-5)

En el episodio hipomaniaco, es un periodo de elevado estado de ánimo anormal que no puede ser reconocido como disfuncional por la persona, y en ocasiones tampoco por otros porque no ocasiona algún deterioro o mal funcionamiento en la persona. Persisten tres de los síntomas de manía durante cuatro días consecutivos como mínimo en la mayor parte del día. El trastorno Bipolar I incluye la sintomatología de depresión y manía o hipomanía (Cuadro 4.30).

Cuadro 4.30 Resumen de criterios del trastorno bipolar I

DSM-5	CIE-10
• Debe ocurrir un episodio maniaco. Y antes o después de dicho episodio pueden haber existido episodios hipomaniacos o episodios de depresión mayor.	• El código es F31. • Trastorno caracterizado por dos o más episodios en los cuales el humor y los niveles de actividad de la persona se hallan profundamente perturbados. • En algunas ocasiones consiste en una elevación del humor y en un incremento de la energía y de la actividad (hipomanía o manía) y en otras, en un decaimiento del humor y en una disminución de la energía y de la actividad (depresión).

Trastorno bipolar II

En este trastorno, al igual que en el Bipolar I, existe un episodio de depresión mayor, pero la manía es menos intensa; no causa deterioro en el funcionamiento de la persona, es decir, se manifiesta hipomanía. Debe haber un episodio de hipomanía y un episodio de depresión mayor actual o pasado. Los criterios y características son similares a los manifestados en el bipolar I.

El trastorno bipolar es casi igualmente frecuente en hombres que en mujeres (Kessler, 1994) y su diferencia radica en la forma de aparición.

El trastorno Bipolar II incluye la sintomatología de depresión e hipomanía (Cuadro 4.31).

Cuadro 4.31 Resumen de criterios del trastorno bipolar II

DSM-5	CIE-10
• Debe ocurrir un episodio hipomaniaco y un episodio de depresión mayor actualmente o que haya ocurrido en el pasado.	• El código es F31.8. • Se denomina como otros trastornos afectivos bipolares. • Trastorno caracterizado por dos o más episodios en los cuales el humor y los niveles de actividad de la persona se hallan profundamente perturbados.

Trastorno ciclotímico

Se manifiesta una inestabilidad persistente del humor, a través de varios periodos de depresión y de excitación leve. Existen periodos hipomaniacos y episodios depresivos que no cumplen con los criterios de una depresión mayor durante dos años como mínimo y al menos un año en niños y adolescentes, y los síntomas no han estado ausentes por más de dos meses.

Con frecuencia, el trastorno ciclotímico tiene un patrón estacional, siendo común su aparición en primavera o en otoño.

El tratamiento necesariamente incluye la administración de fármacos. El litio es el más indicado, tanto para la prevención como en la rehabilitación del trastorno. Bastantes personas con ciclotimia experimentan una estabilización en su estado de ánimo. También los anticonvulsivos pueden ser administrados como alternativa, entre ellos, la carbamazepina.

El tiempo de la manifestación del trastorno ciclotímico es importante para establecer un diagnóstico de este trastorno (Cuadro 4.32).

Cuadro 4.32 Resumen de criterios del trastorno ciclotímico

DSM-5	CIF-10
• Numerosos síntomas hipomaniacos y depresivos durante dos años, sin cumplir con los criterios del episodio hipomaniaco y de depresión mayor. • Los periodos hipomaniacos y depresivos han estado presentes al menos la mitad del tiempo y el individuo no ha presentado síntomas durante más de dos meses seguidos.	• El código es F34.0. • Se le denomina como ciclotimia. • Inestabilidad persistente del humor, que se manifiesta a través de varios periodos de depresión y de excitación leve. • Ninguna de esas manifestaciones es suficientemente grave o prolongada para diagnosticarse como trastorno afectivo bipolar o trastorno depresivo recurrente.

CONTENIDO APLICADO

En la actualidad, Ernesto, un hombre de 27 años, vive con sus padres después de haber terminado su segundo matrimonio. Tiene dos hijos con su primera esposa, de siete y nueve años respectivamente, pero que no viven con él. Comenta que su primera esposa y sus hijos lo abandonaron porque en ocasiones se alteraba mucho y nada lo podía controlar; pasaba varios días fuera de casa en bares y lugares de diversión, faltando también a su trabajo, lo cual provocó que lo despidieran. Pero dice que este comportamiento comenzó a raíz de que descubrió que su esposa le era infiel.

Posteriormente tuvo que superarlo y conoció a otra mujer con la que contrajo nuevas nupcias hace tres años. Asiste a terapia psicológica en la que habla muy rápido y expresa una idea tras otra, tanto que en ocasiones tengo que pedir que haga una pausa para poder comprender su discurso. Me dice que hace un año se había sentido muy triste, sin interés por nada, con una sensación de que todo va a estar mal, de que puede terminar su vida solo y sin nadie que lo visite, como deprimido. Dejó de ir a su trabajo porque sintió que nada lo llenaba, como si hubiera perdido las fuerzas y las ganas de hacer las cosas; está siempre distraído y quiere permanecer acostado o dormido, le es difícil hasta bañarse y comer. Eso provocó que bajara de peso. Ante tal situación y los intentos en vano de la segunda esposa por ayudarle y la falta de dinero, tomó la decisión de abandonarlo. Asistió a un hospital psiquiátrico y le recetaron medicamentos con los que no vio mejoría pero dejó de ir a su consulta.

Hace como un mes, su estado de ánimo cambió. Comenta que ahora se siente tenso e inquieto pero prefiere estar así, ya que tiene mucha energía y considera que debe desahogarla. Ríe por nada, quiere cantar en cualquier momento y nuevamente se ha ido a los bares a tomar y a salir con mujeres, teniendo relaciones sexuales sin quedar saciado.

Cómo se encuentra actualmente no es lo que le preocupa, ya que le gusta estar así; cuando surge un proyecto laboral prometedor, siente la confianza en sí mismo para lograrlo, pero termina por no actuar. Le cuesta trabajo concentrarse porque le preocupa que pueda perder el control de sí mismo y que le llegue a pasar algo malo, como que al acelerar a toda velocidad el carro —que es de su padre— no pueda controlarlo y se mate.

Sus padres tienen una buena posición económica, pero siempre están ocupados por sus múltiples actividades. Difícilmente están con Ernesto, quien comenta que no les interesa su salud y quieren compensar su ausencia con el dinero que le proporcionan.

Ya le han prohibido salir, pues gasta mucho dinero en moteles y bares, pero Ernesto comenta que en estos días la euforia que siente lo impulsa a tener muchas actividades y que es mejor estar así que en casa, totalmente deprimido.

Ahora sus padres lo amenazaron con que si no asiste a ayuda profesional ya no lo apoyarán ni le darán dinero.

Cuadro 4.33 Contenido aplicado al caso de Ernesto

Diagnóstico con base en el DSM-5	Diagnóstico con base en la CIE-10
Dx. Trastorno bipolar I • Episodio maniaco actual • Grave • Sin características psicóticas • Con ansiedad	Dx. F31.1 Trastorno afectivo bipolar, episodio maníaco presente sin síntomas psicóticos
Análisis desde la perspectiva multidimensional	**Análisis desde la perspectiva psicodinámica**
El activador en el trastorno de Ernesto es el cambio de vida negativo cuando descubre la infidelidad de la primera esposa. Presenta una vulnerabilidad biológica expresada en la alteración de los neurotransmisores y sistemas	Para esta perspectiva, las reacciones maniacas son excitaciones psicóticas caracterizadas por una sobreactividad pero sin desorganización alguna. La conducta de Ernesto es una caricatura infantil del gozo y seguridad en sí mismo.

neurohormonales, así como la manifestación de perturbación en el sueño y del ritmo circadiano.

Las influencias sociales que contribuyen al desarrollo de la bipolaridad en Ernesto son la falta de apoyo familiar, ya que ni sus esposas ni sus padres le proporcionan el apoyo que se requiere en esta situación.

Ante lo anterior, se desarrollan manifestaciones conductuales y emocionales en las que prevalecen la hiperactividad, el comportamiento insensato y las sensaciones exageradas de euforia y excitación.

La regresión es profunda y la verificación de la realidad se encuentra afectada. Ernesto es como un niño excitado, incapaz de estar tranquilo y de aprovechar su medio como un adulto lo haría. Otro mecanismo adaptativo empleado es el de la negación de una realidad dolorosa en la que no recibe atención y los demás no procuran la satisfacción de sus necesidades.

Los factores precipitantes son la pérdida de amor (en la esposa, ante el descubrimiento de que había alguien más), de seguridad personal y de estima hacia sí mismo.

Las reacciones maniacas no provienen de acceso al gozo o triunfo, sino como una agresión avasalladora que lo hundió en una regresión profunda, ya que el contenido latente en Ernesto es depresivo y patológicamente dependiente, mientras que el contenido manifiesto presente en la superficie es lo opuesto.

ESQUIZOFRENIA Y OTROS TRASTORNOS PSICÓTICOS

Los trastornos psicóticos se caracterizan por las alteraciones de la conciencia, el pensamiento o la percepción, denominadas delirios y alucinaciones. En este tipo de trastornos hay una grave dificultad para percibir la realidad tal y como es, aun cuando en su percepción de ella, las personas crean firmemente que es cierta. Se conocen como delirios las alteraciones en el contenido del pensamiento y las creencias que son distintas a la realidad; mientras que las perturbaciones perceptuales en el ver, oír, o sentir de forma distinta a lo real, se conocen como alucinaciones. Las manifestaciones extravagantes e incoherentes son características de la psicosis.

En algunos casos, la persona que padece psicosis puede darse cuenta de que tiene una enfermedad o notar que los demás creen que está enferma. Por ello, aunque existen muchas teorías sobre los trastornos psicóticos, no hay una explicación cierta, pues las distintas manifestaciones ponen en cuestionamiento las posturas y las investigaciones realizadas. Lo que sí es necesario en este tipo de trastornos es la comprensión de su surgimiento, evolución y dinámica.

Es importante destacar que no es sencillo diagnosticar las alteraciones en la persona como un trastorno psicótico pues no en todos los casos son evidentes; en algunos no parecen tan graves aunque en realidad lo son.

Veamos el ejemplo de Luisa, de 17 años de edad. Siempre rebelde y desafiante desde niña, fue hospitalizada por haber intentado suicidarse cinco veces; narra que escucha dos voces en su interior: una la anima a vivir, pero la otra le dice que su vida no tiene sentido y, después de una batalla entre ellas, la vencedora reclama el trofeo y, con ello, la vida de esta chica. Luisa insiste en que no está loca y que debe cumplir con lo que esa voz exige para no seguir atormentándose.

Otro caso es el de Rosa, una madre de 26 años que después de un aborto espontáneo hace tres años y de enterarse de la infidelidad de su marido quien la abandonó hace seis meses, agrede de forma verbal y física a su hija de nueve meses de edad. Ella dice que la bebé ha intentado por las noches clavarle un cuchillo mientras ella duerme y que, aunque no le crean y su familia piense que está loca, es verdad. En dos ocasiones esta mujer ha expresado que tiene ganas de matar a su hija y pide que la aparten de ella porque ya no podrá contenerse.

La reacción psicótica se expresa en una desintegración plena del Yo. Para la perspectiva psicodinámica, las exigencias de enfrentar un mundo adulto cuando la estructura de personalidad está plagada de conflictos, miedos y actitudes infantiles, llevan a las reacciones psicóticas. Los síntomas psicóticos de los casos antes presentados se desarrollan, en primer lugar, por existir una situación externa o interna que provoca tensión y ansiedad crecientes.

Posteriormente las personas perciben una amenaza de la desintegración del Yo y se ven en la necesidad de mantenerse integradas; por eso ocurre una regresión subtotal o fijación (han quedado fijadas en un suceso o tiempo específicos de su vida), lo cual reactiva conflictos infantiles, con lo que se ponen en marcha los mecanismos de negación e introyección. Es decir, en la negación se vive una realidad distinta expresada en los delirios y las alucinaciones —como la agresión del bebé a Rosa o las voces de Luisa—, mientras que en la introyección, vuelcan el conflicto hacia sí mismas. Aunque parezca ilógico, son manifestaciones para mantenerse todavía agarradas de la realidad.

Desde esta perspectiva, los factores precipitantes son la pérdida o amenaza de pérdida de una fuente importante de satisfacción y/o seguridad (la infidelidad y el abandono del marido de Rosa); el surgimiento imprevisto de una pulsión hostil (querer agredir a su hija); el incremento súbito de la culpa (por la rebeldía y desafío de Luisa desde pequeña), y la reducción de la eficacia de la organización defensiva (en ambos casos).

Las alteraciones que se aprecian en los casos se expresan en la relación con la realidad; alteración emocional y pulsional; alteración en las relaciones de objeto; alteraciones en la función defensiva; alteraciones en el lenguaje y pensamiento, y la incapacidad para excluir impulsos antagónicos (agresión hacia ellos mismos o hacia otros).

Al analizar las manifestaciones psicóticas hay que tomar en cuenta todas las perspectivas; para ello debe tenerse una visión integral (los aspectos biológico, conductual, social, emocional y cognitivo).

En ocasiones no hay un factor desencadenante observable, debido a que, como ya se describió, atiende a cuestiones intrapsíquicas. Los trastornos psicóticos pueden surgir de un factor desencadenante, como experimentar un suceso traumático o vivir con un altísimo grado de estrés, aunado a factores biológicos, sociales, conductuales, emocionales y cognoscitivos.

Los factores biológicos incluyen la tendencia hereditaria mediante los genes múltiples; también podrían ocurrir complicaciones prenatales o durante el parto, como una infección viral o lesiones que afectan las células del cerebro, así como anormalidades de los sistemas de dopamina y de glutamato.

En este último caso, la hipótesis es muy aceptada en la comunidad científica, ya que el mal funcionamiento de la vía dopaminérgica mesolímbica está vinculado con la aparición de la sintomatología positiva de la esquizofrenia. Y es que en los pacientes esquizofrénicos la dopamina se encuentra elevada de manera natural aunque errónea debido a defectos en el desarrollo del sistema nervioso central. Estas vías dopaminérgicas mesolímbicas son defectuosas en los pacientes, de modo que el paso de impulsos nerviosos está mal regulado, lo que provoca delirios, alucinaciones o agresividad, entre otros.

Los factores sociales incluyen experiencias familiares tempranas que pueden disparar la aparición de delirios y alucinaciones, y la cultura puede influir en su interpretación. Entre los factores conductuales se encuentran manifestaciones activas o inhibición de conducta. Los factores emocionales abarcan los estilos de hostilidad, crítica y una expresión de una emoción excesiva en esta área.

Finalmente, los factores cognoscitivos incluyen la sobreexcitación por una sobreestimulación ambiental, dificultad para mantener la atención durante cierto tiempo o distracción por alucinaciones y asociaciones.

En ciertas situaciones, ante las manifestaciones de la persona con algún trastorno psicótico o esquizofrenia, a los familiares los invaden el desconcierto y la preocupación. Aquí cobra gran importancia la intervención del clínico, no sólo para el tratamiento sino también para sugerir o tomar decisiones de hospitalización. Al decidir si hospitalizar o mantener a la persona sin darla de alta, hay que considerar si presenta un estado mental inestable que incluya ira o desconfianza, alucinaciones que podrían llevarla a dañarse o bien, si presenta una conducta desorganizada y deficiencias cognitivas que impiden un funcionamiento adaptativo.

Una vez hospitalizado y diagnosticado el sujeto, se inicia la fase de tratamiento, pero antes es importante establecer el curso de la enfermedad o su pronóstico.

Los pronósticos se basan en los síntomas, el surgimiento, los factores precipitantes y la red de apoyo.

En el caso de un pronóstico bueno, los síntomas son positivos, su surgimiento es tardío y agudo, se identifican los factores precipitantes y se cuenta con apoyo de otras personas o instancias médicas.

En cambio, en el pronóstico malo, los síntomas son negativos, el surgimiento es temprano y gradual, no se identifican los factores precipitantes y hay una precaria o nula red de apoyo.

Hay distintas formas de intervención, aunque la más eficaz y completa es la de un enfoque integral que incluye:

- Tratamiento farmacológico: uso de antipsicóticos para los delirios y alucinaciones, así de medicamentos, como antidepresivos, para tratar síntomas secundarios. Los antipsicóticos clásicos (como clorpromazina, flufenazina, haloperidol, molindona, tiotixeno, tioridazina, loxapina, entre otros) bloquean los receptores dopaminérgicos y son eficaces sobre todo en los síntomas positivos, aunque tienen muchos efectos adversos. La acción de los antipsicóticos atípicos o de segunda generación (como clozapina, risperidona, olanzapina, quetiapina, ziprasidona, aripiprazol, entre otros) se ejerce no sólo por el antagonismo de los receptores dopaminérgicos, sino también por los de serotonina, histamínicos y muscarínicos, que son eficaces en los síntomas positivos y negativos, y presentan menos efectos adversos.

- Tratamiento individual: se tiene como objetivo el manejo y la recuperación de la enfermedad en el que, a medida de sus posibilidades, se hace partícipe a la persona de su tratamiento.

- Psicoeducación familiar: asistencia a los familiares en el que se cumplen dos vertientes; la primera es educarlos en relación con la enfermedad, tratamiento y búsqueda de apoyo; la segunda se enfoca en el manejo de su propio estrés o tensión.

- Apoyo social: buscar una red de apoyo social (como tener atención médica las 24 horas del día) y en los casos de rehabilitación progresiva, ayudar a la adaptación social del sujeto (como conseguir un empleo).

En el tratamiento es imperativo desarrollar destrezas para vivir de manera independiente, entre las que destacan el cuidado personal, la identificación y el manejo de los síntomas, el manejo de los medicamentos y el desarrollo de las habilidades de afrontamiento del estrés.

Debido a la gama de síntomas de los trastornos psicóticos es difícil catalogarlos como específicos, tomando en cuenta la complejidad y la gravedad de esta enfermedad; es imprescindible entender la manifestación psicótica de cada individuo en particular.

A continuación se describen las características de los diferentes trastornos psicóticos.

Esquizofrenia

La esquizofrenia es un trastorno psicótico que se caracteriza por una gama de síntomas inespecíficos; la persona presenta deterioro y perturbaciones predominantes en el contenido y la forma del pensamiento, el lenguaje, el afecto, la percepción, la integración del Yo, el comportamiento y las habilidades sociales. Eugen Bleuler describe cuatro características fundamentales de la esquizofrenia, las cuales, si bien las identificó un siglo atrás, siguen teniendo gran influencia. Se les conoce como las cuatro A de Bleuler: asociación, afecto, ambivalencia y autismo.

- La asociación se refiere al trastorno del pensamiento divagante y habla incoherente.

- El afecto se refiere a la perturbación en la emoción manifestada en risas inapropiadas o lamentos desgarradores.

- La ambivalencia en las decisiones.

- El autismo es expresado en mantener pensamientos y comportamientos egocéntricos.

La esquizofrenia altera la percepción del mundo y los aspectos cotidianos del funcionamiento de la persona. Se puede expresar en etapas:

- La activa, donde los síntomas como delirio, alucinaciones, habla y comportamiento incoherentes, así como otras manifestaciones de deterioro, se expresan de manera acentuada por lo menos durante seis meses.

- La prodrómica, que es la previa a la activa, en la que la persona manifiesta un deterioro progresivo en su funcionamiento, expresada en comportamientos inadaptativos e inapropiados.

- La residual, en la que la persona ya pasó por la etapa activa y ahora también presenta síntomas propios de la prodrómica.

Los síntomas se clasifican en dos grupos, los positivos y los negativos:

- Síntomas positivos: delirio (ideas irrealistas y extrañas), alucinación (sucesos sensoriales que no se basan en un hecho externo), lenguaje desorganizado (pasan de un tema a otro, hablan en forma ilógica o con palabras ininteligibles), conducta extravagante y desorganizada. Se manifiestan con aumento o exceso de las funciones normales que tienen mayor incidencia en los primeros momentos de la esquizofrenia. Son los que presentan una respuesta satisfactoria a los medicamentos, ausencia de deterioro intelectual y un pronóstico optimista.

- Síntomas negativos: abolición (pérdida del acto de voluntad o decisión), alogia (tardanza para comentar o lentitud al contestar), pérdida de la energía y la motivación, pérdida o disminución en la sensación de placer (ahedonia), afectividad plana (ausencia de respuesta emocional), y pobreza o limitaciones en el lenguaje. Se manifiestan en la disminución o pérdida de las funciones y su incidencia se da mayormente con el paso del tiempo Son un pronóstico pesimista y un deterioro intelectual.

Para comprender la esquizofrenia es útil conocer sus subtipos de esquizofrenia y sus características principales correspondientes:

- Esquizofrenia paranoide: desconfianza extrema y continua es el rasgo principal que la distingue. Incluye síntomas de preocupación, delirio, alucinaciones auditivas, lenguaje escaso o desorganizado o catatonia o afecto inapropiado. No hay perturbaciones del afecto, ni de la volición; tampoco síntomas catatónicos; esta sintomatología es relativamente poco notoria.

- Esquizofrenia desorganizada: se caracteriza por la desorganización general en el individuo como en el lenguaje y la conducta, y el afecto plano. Como criterio diferencial, los delirios y alucinaciones se expresan en forma fragmentada o incoherente. El CIE-10 la denomina esquizofrenia hebefrénica, que no sólo incluye los cambios afectivos, delirios y alucinaciones fugaces y fragmentadas, sino también agrega el comportamiento irresponsable e impredecible, los manierismos y la tendencia al aislamiento; expresa que normalmente debe diagnosticarse hebefrenia sólo en adolescentes o en adultos jóvenes.

- Esquizofrenia catatónica: se caracteriza por alteraciones motoras desde la inmovilidad hasta la actividad extrema, negativismo, obediencia automática, mutismo, manierismos y posturas mantenidas por largos periodos de tiempo, con episodios de excitación violenta y alucinaciones escénicas.

- Esquizofrenia indiferenciada: existe delirio y alucinación, pero no cumple con los criterios de los otros tipos de esquizofrenia.

- Esquizofrenia residual: constituye un cuadro en estado avanzado en al menos un año de evolución; ya no se presentan los síntomas principales, sólo se tienen síntomas negativos como aplanamiento afectivo, lentitud psicomotriz, pasividad y falta de iniciativa, pobreza del lenguaje en cantidad y en contenido, y aislamiento social. Es decir, ha habido un progreso, pero eso no significa que los síntomas presentados serán irreversibles.

- Esquizofrenia simple: se caracteriza por la aparición de síntomas negativos desde el inicio del trastorno con ausencia de síntomas positivos. La evolución de la enfermedad es muy variable debido a que se da un desarrollo insidioso pero progresivo de comportamiento extravagante, con incapacidad para cumplir con los requerimientos sociales y disminución del desempeño en general.

Es importante expresar que en la actualidad no está claro si la esquizofrenia es una sola enfermedad o un grupo de enfermedades, debido a que en su curso aparecen distintos brotes psicóticos acompañados de deterioro y alteraciones en la vida del individuo. Actualmente, para la APA no existe una clasificación de algún subtipo de esquizofrenia; se basa sólo en la sintomatología, el curso de la enfermedad, la gravedad, la existencia de catatonia y el pronóstico.

Sintomatología

- Existencia de dos (o más) de los síntomas, como delirios, alucinaciones, discurso desorganizado, comportamiento desorganizado o catatónico, y síntomas negativos. Cada uno de ellos debe presentarse durante una parte significativa de tiempo en el transcurso de un mes.

- Deterioro en el funcionamiento interpersonal, académico o laboral.

- Los signos continuos del trastorno deben persistir durante un mínimo de seis meses.

- El trastorno no se puede atribuir a los efectos fisiológicos de una sustancia.

Curso de la enfermedad

- Episodio agudo: periodo en el que se cumplen los criterios sintomáticos.

- Remisión parcial: periodo durante el cual se mantiene una mejoría después de un episodio anterior y los criterios que definen el trastorno sólo se cumplen parcialmente.

- Remisión total: periodo después de un episodio anterior durante el cual los síntomas específicos del trastorno no están presentes.

- Episodios múltiples: se pueden determinar después de un mínimo de dos episodios (es decir, después de un primer episodio, una remisión y un mínimo de una recidiva).

- Continuo: Los síntomas que cumplen los criterios de diagnóstico del trastorno están presentes durante la mayor parte del curso de la enfermedad y los periodos sintomáticos por debajo del umbral son muy breves en comparación con el curso global.

Gravedad

La gravedad se clasifica mediante la evaluación cuantitativa en cada uno de los cinco síntomas primarios de psicosis —ideas delirantes, alucinaciones, habla desorganizada, comportamiento psicomotor anormal y síntomas negativos—, así como la evaluación del déficit cognitivo, depresión y manía en los últimos siete días.

- Ausente: cero puntos
- Equívoco: un punto
- Presente pero leve: dos puntos
- Presente y moderado: tres puntos
- Presente y grave: cuatro puntos

Catatonia

- Ausencia de actividad psicomotora (estupor)
- Inducción pasiva de una postura mantenida contra la gravedad (catalepsia)
- Resistencia leve y constante al cambio de postura dirigida por el examinador (flexibilidad cérea)
- Respuesta verbal ausente o escasa (mutismo)
- Oposición o ausencia de respuesta a instrucciones o estímulos externos (mutismo)
- Adopción de una postura
- Manierismo
- Movimientos repetitivos, anormalmente frecuentes, no dirigidos hacia un objetivo (estereotipia)
- Agitación, no influida por estímulos externos
- Muecas
- Imitación del habla de otra persona (ecolalia)
- Imitación de los movimientos de otra persona (ecopraxia)

Pronóstico

a) Con características de buen pronóstico: requiere la presencia de dos o más de las siguientes características, esto es, aparición de síntomas psicóticos notables en las primeras cuatro semanas después del primer cambio apreciable del comportamiento o funcionamiento habituales; confusión o perplejidad; buen funcionamiento social y laboral antes de la enfermedad, y ausencia de afecto embotado o plano.

b) Sin características de buen pronóstico: este especificador se aplica si no han estado presentes dos o más de las características anteriores.

El CIE-10 considera los distintos tipos de esquizofrenia, los cuales se toman como un trastorno cada uno, caracterizados de forma genérica por distorsiones del pensamiento y de la percepción, afectividad inadecuada o embotada. La evolución de los trastornos esquizofrénicos puede ser continua o episódica, con déficit progresivo o estable, o bien puede haber uno o más episodios, con remisión completa o incompleta. En el Cuadro 4.34 se comparan los criterios y los distintos trastornos esquizofrénicos entre DSM-5 y CIE-10.

Cuadro 4.34 Esquizofrenia

DSM-5	CIE-10
• Deben presentarse en al menos un mes y al menos dos síntomas de delirios, alucinaciones, discurso desorganizado, comportamiento muy desorganizado o catatónico y síntomas negativos. • El nivel de funcionamiento en uno o más ámbitos principales está muy por debajo del nivel alcanzado antes del inicio.	• Distorsiones fundamentales del pensamiento y de la percepción, junto con una afectividad inadecuada o embotada. Habitualmente se mantienen tanto la lucidez de la conciencia como la capacidad intelectual, aunque con el transcurso del tiempo pueden desarrollarse ciertas deficiencias intelectuales. Los distintos trastornos esquizofrénicos son:

- Los signos continuos del trastorno persisten durante un mínimo de seis meses.

- No existen tipos de esquizofrenia.

- Se especifica el curso de la enfermedad, la existencia de catatonia, la gravedad y el pronóstico.

- Esquizofrenia paranoide (F20.0) Predominan los delirios relativamente estables, que generan desconfianza y suspicacia extremas, se acompañan habitualmente de alucinaciones, especialmente del tipo auditivo, y de perturbaciones de la percepción.

- Esquizofrenia hebefrénica (F20.1)Cambios afectivos, delirios y alucinaciones fugaces y fragmentarias, comportamiento irresponsable e impredecible y constantes manerismos. El humor es superficial e inadecuado. El pensamiento se halla desorganizado y el lenguaje es incoherente.

- Esquizofrenia catatónica (F20.2) Predominan importantes perturbaciones psicomotoras, las cuales pueden alternar entre extremos como la hipercinesis y el estupor o entre la obediencia automática y el negativismo.

- Depresión postesquizofrénica (F20.4)

  Episodio depresivo, que puede ser prolongado y que aparece como secuela de un mal esquizofrénico.

- Esquizofrenia residual (F20.5) Estadio crónico del desarrollo

	de un mal esquizofrénico en el que se haya registrado un claro progreso desde una etapa inicial a otra más avanzada que se caracteriza por síntomas negativos de larga duración, aunque no necesariamente irreversibles.
	• Esquizofrenia simple (F20.6)
	• Desarrollo insidioso pero progresivo de comportamiento extravagante, con incapacidad para cumplir con los requerimientos sociales y declinación del desempeño en general.
	• Trastorno esquizofreniforme (F20.8)
	• Aparece con las siglas SAI (Sin alter Indicatio que significa sin otra especificación)

Trastorno esquizofreniforme

Presenta los mismos síntomas que la esquizofrenia como delirio, alucinaciones, discurso desorganizado, comportamiento muy desorganizado o catatónico y síntomas negativos, pero sólo se presentan durante un periodo de entre un mes y seis meses, comúnmente gracias al tratamiento exitoso que recibió.

No se presentan episodios maniacos o depresivos mayores de forma concurrente con los síntomas de la fase activa; si se han producido episodios del estado de ánimo durante los síntomas de la etapa activa, han estado presentes durante una parte mínima de la duración total de los periodos activo y residual de la enfermedad.

En la CIE-10 aparece como otro trastorno esquizofrénico y no describe sus características ni le asigna otra indicación.

Trastorno esquizoafectivo

Es un trastorno episódico en el que son importantes los síntomas afectivos y los síntomas esquizofrénicos, de manera que no se aplica el diagnóstico de esquizofrenia ni el de episodio depresivo o maniaco.

Presenta los mismos síntomas que el de la esquizofrenia, pero junto con un trastorno en el estado de ánimo; es decir, aparece un episodio maniaco y/o depresivo mayor, pudiendo ser de tipo bipolar (aparición de episodios maniacos o depresivos) así como sólo de tipo depresivo (únicamente aparece la depresión mayor). Para la OMS y la APA se puedenpresentar en tres tipos diferentes:

- Trastorno esquizoafectivo de tipo bipolar
- Trastorno esquizoafectivo de tipo depresivo
- Trastorno esquizoafectivo de tipo mixto (aparece la manía y la depresión mayor)

En el cuadro clínico, los delirios son más grotescos y desorganizados de lo usual, predominando los delirios somáticos, los extrañamientos y la despersonalización. En cambio, el componente la manía o la depresión es más estable y profundo, en comparación con otros trastornos psicóticos, así como su pronóstico de recuperación, sin embargo, en las recaídas, esas oportunidades disminuyen cada vez que ocurren.

Trastorno delirante

Presenta delirios excéntricos que duran más de un mes, sin otro síntoma característico de la etapa activa de la esquizofrenia. Pueden existir alucinaciones, pero están relacionadas con el contenido del delirio, siendo que el funcionamiento del individuo no está muy alterado y presenta pocas manifestaciones de comportamiento extraño o extravagante.

Existe en estas personas una constante sospecha o miedo producido por la incapacidad de confiar en otros, el no poder tolerar la espera y la incapacidad para poder adoptar el papel de un observador independiente en ciertos momentos cuando se está sufriendo de estrés. Por ejemplo, el hombre que ve platicar a la esposa con el vecino, o cuando pasa al lado de un grupo que se ríe en ese momento, y evita que le abrume el pensamiento de que su mujer le engaña o que se están burlando de él.

Estas personas presentan ya la tendencia a una hipersensibilidad a sus experiencias y/o insensibilidad de sus propias actitudes, junto con la falta de la confianza básica en sí mismas, es decir, baja autoestima.

Los delirios pueden considerarse extravagantes cuando son claramente inverosímiles, incomprensibles y no proceden de experiencias de la vida común.

Este tipo de variedad es conocida también como esquizofrenia paranoide; por lo general el individuo ya ha tenido dificultades en sus relaciones interpersonales durante años debido a sus manifestaciones de tensión, incomodidad y desconfianza. Tiene la tendencia a dar significados hostiles a los actos de los demás, por lo que mantiene sus acciones de alerta, vigilancia defensiva y búsqueda de explicaciones para no ser dañado. Es entonces cuando sustituye los sucesos reales con sus interpretaciones erróneas y fantasiosas.

En ocasiones, sus delirios se relacionan con sucesos como catástrofes, destrucción y salvación del mundo, y las alucinaciones que le acompañan primeramente son las auditivas y luego le siguen las visuales. La participación de lo emocional es muy usual, debido a la realidad que ha creado el individuo, por eso sus muestras de estar aterrado o indignado.

Los factores que precipitan estos delirios son el tratamiento sádico y situaciones de vergüenza experimentados en la infancia, vivencia de situaciones que aumenten la sospecha y la desconfianza; de vigilancia; de envidia, y de celos. Es por ello que los delirios pueden asumir las siguientes formas:

- Erotomaniaco: el tema central del delirio es que otra persona está enamorada del individuo, y que por temor o vergüenza no se ha acercado a él a declarar o expresar sus sentimientos.

- De grandeza: tiene la convicción de que posee cierto talento o conocimientos (no reconocidos), de haber hecho algún descubrimiento importante, o de que puede hacer cambios radicales y trascendentales en la humanidad.

- Celotípico: existe una reconstrucción psicótica de la realidad en la que piensa constantemente que su cónyuge o su amante le es infiel.

- Persecutorio: el delirio implica la creencia del individuo de que están conspirando en su contra, lo engañan, lo espían, lo siguen, lo envenenan o drogan, lo difaman, lo acosan o le conseguir objetivos a largo plazo.

- Somático: el delirio implica modificaciones o alteraciones en las funciones o sensaciones corporales.

- Tipo mixto: se aplica cuando no predomina ningún tipo de delirio.

- Tipo no especificado: el delirio dominante no se puede determinar claramente o no está descrito en los tipos específicos.

El trastorno tiene un predominio de la presencia de delirios y alucinaciones, pero sin cumplir los criterios de esquizofrenia (Cuadro 4.35).

Cuadro 4.35 Resumen de criterios para el trastorno delirante

DSM-5	CIE-10
- Presencia de un delirio durante un mes o más. - No cumple con los criterios de esquizofrenia. - Aparte del impacto del delirio, el funcionamiento no está muy alterado y el comportamiento no es extravagante o extraño.	- Se codifica como F22.0. - Desarrollo de delirio(s) persistente que a veces duran toda la vida. - Alucinaciones auditivas claras y persistentes (voces.) - Los síntomas de esquizofrenia son incompatibles con este diagnóstico.

Trastorno psicótico breve

Se caracteriza por durar más de un día pero menos de un mes, con el retorno total al grado de funcionamiento del individuo previo al trastorno.

Habitualmente hay una recuperación completa en el lapso de unos pocos meses, a menudo en el término de pocas semanas o, incluso, de pocos días.

Presenta las mismas características de la esquizofrenia. Es importante identificar si es observable o no un factor de estrés que haya desencadenado esta anormalidad, así como —si es el caso— si inició durante el embarazo o en las primeras cuatro semanas después del parto.

La OMS clasifica un grupo de trastornos psicóticos transitorios caracterizados por síntomas psicóticos, como delirios, alucinaciones, perturbaciones de la percepción y alteración del comportamiento habitual en el lapso de dos semanas o menos, excluyendo las evidencias de una causalidad orgánica en estos trastornos.

- Trastorno psicótico agudo polimorfo, sin síntomas de esquizofrenia: son variables las alucinaciones, los delirios y las perturbaciones de la percepción, ya que cambian de día a día o, incluso, de hora en hora. Con frecuencia hay también confusión emocional, con sentimientos transitorios intensos tanto de felicidad o de éxtasis, como de ansiedad e irritabilidad.

- Trastorno psicótico agudo polimorfo, con síntomas de esquizofrenia: son variables las alucinaciones, los delirios y las perturbaciones de la percepción, pero se hacen evidentes también algunos síntomas típicos de la esquizofrenia durante la mayor parte de su evolución.

- Trastorno psicótico agudo de tipo esquizofrénico: los síntomas psicóticos son relativamente estables y justifican el diagnóstico de esquizofrenia, pero duran menos de un mes.

- Trastorno psicótico agudo, con predominio de ideas delirantes: los rasgos clínicos principales son los delirios o las alucinaciones relativamente estables y no justifican el diagnóstico de esquizofrenia.

En el trastorno psicótico breve, la duración es de poco tiempo (Cuadro 4.36).

CONTENIDO APLICADO

En el siguiente caso se presenta una de las distintas formas de manifestación de la esquizofrenia y otros trastornos psicóticos.

El padre de Evan, de 20 años, es pastor de su Iglesia, algo desconfiado; su madre es aprensiva con estudios en teología.

Desde los 12 años, Evan siempre estuvo interesado en la angelología y demonología; aparentaba ser introvertido, con intereses sencillos; pasaba desapercibido en su ámbito social, y con dificultades interpersonales por ser desconfiado al igual que su padre.

En la preparatoria era muy escrupuloso, exagerado, altivo y suspicaz.

Después de la muerte de su prometida se acentuaron más características en él. Se volvió más desconfiado y expresaba que algo malo iba a pasarle a él, a su familia y a los demás.

Hace siete meses empezó a decir que tiene la misión de ser el mensajero de Melahel, quien es un ser supremo que salvará al mundo de la invasión de espíritus y demonios del inframundo para someter a los hombre.

A pesar de estas ideas, Evan continuó de forma eficiente con su trabajo de oficinista y su rutina de vida, sólo que a diario se colocaba en los oídos un audífono sin conectar, explicando que con eso recibía de manera privada y exclusiva el mensaje de salvación, así como en varias ocasiones movía la cabeza diciendo que sí lo haría y luego se persignaba.

La familia pensó en la posibilidad de que consumiera drogas pero no encontraron prueba alguna. Evan escribía y hablaba en repetidas ocasiones de que le era necesario cumplir su plan para la llegada de Melahel, pero a pesar de ello tenía un buen rendimiento intelectual y no perdió la lógica para otras actividades sociales.

La familia comentó que en una ocasión lo encontraron en su cuarto hablando frente a la pared y lo hacía como si estuviera recibiendo indicaciones de alguien.

Decía que sí iba a obedecer y se hincaba haciendo reverencias, luego tomaba una postura extraña y caminaba en círculos volteando una y otra vez la cabeza hacia arriba. La familia lo cuidaba pues afirmaba que Melahel le dijo que se aventara de la azotea para que pudiera cruzar la barrera de este mundo, entrar al noveno reino y encontrarse con él, y así evitar la invasión a nuestro mundo. Por esta razón fue internado en un hospital psiquiátrico.

Cuadro 4.36 Contenido aplicado al caso de Evan

Diagnóstico con base en el DSM-5	Diagnóstico con base en la CIE-10

• Dx.
• Esquizofrenia
• Episodios múltiples actualmente en episodio agudo
• Gravedad [1]:
  Ideas delirantes: 4
  Alucinaciones: 4
  Habla desorganizada: 0
  Comportamiento psicomotor anormal: 3
  Síntomas negativos: 0
• Sin características de buen pronóstico
	Dx.
	F20.0 Esquizofrenia paranoide

[1] Revisar el apartado de gravedad del contenido de Esquizofrenia que se encuentra en este capítulo.	

Análisis desde la perspectiva multidimensional	Análisis desde la perspectiva psicodinámica
El factor desencadenante es la muerte de la prometida; los factores biológicos se ponen de manifiesto en las anormalidades en la química del cerebro (en específico de los sistemas de glutamato y dopamina), así como en la estructura cerebral y la tendencia heredada de desconfianza y preocupación. En cuanto a los factores sociales encontramos la influencia de los padres en relación con lo religioso y un grado alto de fomento por parte de la familia y su círculo social de sus intereses relacionados con los ángeles y demonios. Debido a lo anterior se desarrollan ideas irrealistas y extrañas, como la de la invasión y la salvación del mundo (delirios), así como las alucinaciones auditivas basadas en un tema religioso. No hay perturbaciones en el afecto o lenguaje incoherente. El tratamiento debe abarcar la terapia individual, familiar, entrenamiento en habilidades sociales y medicación.	La esquizofrenia paranoide inicia cuando Evan comienza a perder contacto con la realidad, sustituyendo las realidades de las funciones sociales con interpretaciones erróneas y en fantasías. En Evan ocurre una desintegración en el Ego, así como una regresión rápida y profunda ante la pérdida de una fuente de afecto. Sus delirios y alucinaciones son señales de las irrupciones de los procesos primarios del Inconsciente al Preconsciente y Consciente. Para enfrentar esas invasiones caóticas, atemorizantes y extrañas, Evan recurre a la forma de negarlas (en los delirios) y proyectarlas (en el tema de sus delirios y alucinaciones), para volverlas en elementos externos a él. Sus conflictos inconscientes de fracaso y pérdida se ven manifestados en el contenido expresado de salvación y en la importancia de ser el elegido para cumplirla, así como impulsos hostiles hacia los demás con la idea de la invasión de espíritus y demonios.

BIBLIOGRAFÍA

Allport, G. (2001), *Clasificación multiaxial de los trastornos psiquiatricos en niños y adolescentes*, Médica Panamericana, Madrid.

_____ (2000), *Libro de casos de la CIE-10: las diversas caras de los trastornos mentales*, Médica Panamericana, Madrid.

_____ (1985), *Desarrollo y cambio: consideraciones básicas para una psicología de la personalidad*, Paidos Ibérica, Barcelona.

_____ (1975), *La estructura del ego*, Siglo XX, Buenos Aires.

_____ (1971), *¿Qué es la personalidad?*, Siglo XX, Buenos Aires.

American Psychiatric Association (2014), *Guía de consulta de los criterios diagnósticos del DSM-5*, Médica Panamericana, Madrid.

Arthur G. (1994), *Anatomía y fisiología del sistema nervioso: Neurociencia básica*, Médica Panamericana, México.

Asociación Psiquiátrica Mexicana (2001), *Autoevaluación y actualización en psiquiatría/Trastornos de Ansiedad*, Medical trenes, México.

Bandura, A. (1974), *Aprendizaje social y desarrollo de la personalidad*, Alianza, Madrid.

Becerra, J. y J. Robles (2010), "Características del trastorno por acumulación. ¿Un nuevo síndrome clínico?", *Revista de psiquiatría biológica*, Volumen 17, Número 3, pp. 87-118.

Beck, A. (1983) *Terapia cognitiva de la depresión*, Desclée de Brouwer, España.

Beck, A. y G. Emery (2014), *Trastornos de ansiedad y fobias: una perspectiva cognitiva, versión castellana*, Desclée de Brouwer, Bilbao.

Beidel, D. y M. Turner (1998), *Shy chidren, phobic adults: Nature and Treatment of Social Phobia*, American Psychological Association, Washington.

Bellack, L. y L. Small (1970), *Psicoterapia breve y de emergencia*, Editorial Pax México/Librería Carlos Cesarman, México.

Bellod, P., G. Masanay, E. Masana (2005), *DSM-IV-TR: complemento del libro de casos*, Masson, Barcelona.

Bennasar, R, E. Baca y cols. (2004), *Trastornos de personalidad*, Sociedad Española de Psiquiatría, Barcelona.

Bergeret, A. y A. Achaintre (1975), *Manual de psicología patológica teórica y clínica*, Toray-Masson, Barcelona.

Bergeret, J. (1980), *La personalidad normal y patológica*, Gedisa, Barcelona.

Bernstein, D., T. Borkovec (1983), *Relajación progresiva de Jacobson*, Desclée de Brouwer, España.

Berrios, G. (2008), *Historia de los síntomas de los trastornos mentales: la psicopatología descriptiva desde el siglo XIX*, FCE, México.

Borja Farré S. (2012), *Recomendaciones Terapéuticas en Trastornos Mentales*, 4ª edición, Cyesan, Madrid.

Bosselman, B. (1967), *Neurosis y Psicosis*, Prensa Médica Mexicana, México.

Buela-Casal, G., A. Caballo y A. Carrobles (1996), *Trastornos de la personalidad, medicina conductual y problemas de relación*, Siglo XXI, Madrid.

Butcher, J., S. Mineka y J. Hooley (2007), *Psicología clínica*, Pearson Educación, México.

Calderón N. (1997), *Depresión, sufrimiento y liberación*, Edamex, México.

_____ (1992), *Desarrollo y Psicoptaología de la personalidad. Un enfoque psicodinámico,* Trillas, México.

_____ (1984), *Depresión: Causas, manifestaciones y tratamiento,* Trillas, México.

Clark, D. (2012), *El cerebro y la conducta: neuroanatomía para psicólogos,* Manual Moderno, México.

_____, N. Boutros y M. Méndez (2012), *El cerebro y la conducta: neuroanatomía para psicólogos,* Manual Moderno, México.

Coleman, J. (1997), *Psicopatología,* Paidós, Buenos Aires.

Consenso 2000, *"Guía práctica. Manejo del espectro depresión-ansiedad",* UNAM, México. Consultado en: apalweb.org/docs/depresion.pdf.

Dartevelle, B. (2011), *La psicoterapia centrada en la persona: el enfoque de Carl Rogers,* Gaia, Madrid.

Davison, G., J. Neale (2002), *Psicología de la conducta anormal,* Limusa, México.

Dougall, J. (1993), *Alegato por una cierta anormalidad,* Paidós, Buenos Aires.

Dunbar, H. (1995), *Mind and body: Psychosomatic medicine,* Random House, Nueva York.

Durand, M. y H. Barlow (2010), *Psicopatología: un enfoque integral de la psicología anormal,* Cengage Learning, México.

Echeburúa, E. y P. de Corral (1995), *Técnicas de exposición: Variantes y aplicaciones,* Pirámide, Madrid.

Eguiluz, L. (comp.) (2004), *Terapia familiar,* Editorial Pax México/Librería Carlos Cesarman, México.

Ellis, A. (1989), *Terapia racional emotiva,* Editorial Pax México/Librería Carlos Cesarman, México.

Feixas, G. (1989), "Personal construct psychology in Spain: A promising perspective", *International Journal of Personal Construct Psychology*, 2, pp. 433-442.

Feldman, R. (2014), *Psicología. Con aplicaciones de países de habla hispana*, McGraw-Hill México.

First, M. (2005), *Guía de uso complemento del DSM-IV-TR*, Masson, Barcelona.

Frederick, B. (1932), *Remembering: A Study in Experimental and Social Psychology*, Cambridge University.

Freedman, A, H. Kaplan y B. Sadock (1975), *Compendio de psiquiatría*, Barcelona, Salvat, México.

Freeston, M.H. y R. Ladouceur (1997), *Análisis y tratamiento de las obsesiones*, Vol. 1, Siglo XXI, Madrid.

Freud, S. (2012), *Obras completas*, Siglo XXI, México.

_____ (1909), *Análisis de la fobia de un niño de cinco años en Obras completas*, Vol. X, Amorrortu Editores, Buenos Aires y Madrid.

Gerald, D. y J. Neale (2000), *Psicología de la conducta anormal*, Limusa Wiley, México.

Gerlach, A.L., F.H. Wilhelm, K. Gruber y W.T. Roth (2001), *Blushing and physiological arousability in social phobia*, J Abnorm Psychol, US National Library of Medicine National Institutes of Health Search (base de datos).

Gittelman, R., D. Klein (1984), "Relationship between separation anxiety and panic and agoraphobic disorders", *Psychopathology Relationship between separation anxiety and panic and agoraphobic*. Consultado en https://www.ncbi.nlm.nih.gov/pubmed/6369368

Goldfried, M. (1996), *De la terapia cognitivo-conductual a la psicoterapia de integración*, Desclee de Brouwer, Bilbao.

Goldman, H. (2008), *Psiquiatría general*, Manual Moderno, México.

González, El Sahili y L. Ali (2012), *Psicopatología clínica: trastornos psicológicos, nerviosos y endócrinos relacionados con la conducta*, Editorial Trillas, México.

Gradillas, V. (1995), *Psicopatología descriptiva: signos, síntomas y rasgos*, Pirámide, Madrid.

Guidano, V.F., y G. Liotti (1983), *Procesos cognitivos y desórdenes emocionales*, Cuatrovientos, Santiago de Chile.

Gurrola, G. (2003), *Construcción personal y psicopatología: el constructivismo en psicología clínica*, Universidad Autónoma del Estado de México, México.

Halgin, R. y S. Krauss Whitbourne (2009), *Psicología de la anormalidad: perspectivas clínicas sobre desórdenes psicológicos*, McGraw-Hill, México.

Hallowell, E., J. Ratey (2001), *TDA: Controlando la hiperactividad*, Paidós Iberica, Barcelona.

Heimberg, R. y R. Becker (1990), *Cognitive behavioral group therapy for social phobia*, Guilford Press, Nueva York.

Hikal, W. (2010), *Esquizofrenia, la enfermedad del inconsciente: casos clínicos de los enajenados mentales*, Flores Editor y Distribuidor, México.

Hinde, R. (1997), *Bases biológicas de la conducta social humana*, Siglo XXI, México.

Hoffman, E. (2009), *Abraham Maslow: vida y enseñanza del creador de la psicología humanista*, Kairos y Nirvana Libros, Barcelona y México.

Hofmann y Barlow (2002), *Anxiety and its Disorder: The Nature and Treatment and Panic*, Guilford Press, Nueva York.

Hothersall, D. (2005), *Historia de la psicología*, McGraw-Hill Interamericana, México.

Jaspers, K. (1946), *Psicopatología General*, Fondo de Cultura Económica, México.

Jenike, M. (2001), *Trastornos obsesivo-compulsivos. Manejo práctico*, Ed. Harcourt, México.

Jonhson, J. G., P. Cohen, S. Kasen y E. Smailes (2001), *Association of maladaptative parental behavior with psychiatric disorder among parents and their offspring:* Archives of General Psychiatry, Estados Unidos.

Kalat, J. (2011), *Psicología biológica*, Cengage Learning, México.

Kandel, E., J. Schwartz y T. Jessell (2001), *Principios de Neurociencias*, McGraw-Hill Interamericana, México.

Kaplan, H. y B. Sadock, *Sinopsis de psiquiatría*, Lippincott Williams & Wilkins-Panamericana, México.

Kelly, G. y Brendan Maher (Comp.) (2001), *Psicología de los constructos personales: textos escogidos*, Paidós, México.

Kelly, G. (1955), *The psychology of personal constructs*, Vol. 1 y 2, Routledge, Londres.

Kessler, R. *et. al.* (1994), *Lifetime and 12 month prevalence of DSM-III-R psyquiatric disordes in the United States: Results form the national Comorbidity Survey*, Archives of General Psychiatry, Estados Unidos.

Kolb, L. (1992), *Psiquiatría clínica moderna*, Prensa Médica Mexicana, México.

Kristensen, H. (2000), "Selective mutism and comorbidity with developmental disorder /delay, anxiety disorder, and elimination disorder", *J Am Acad Child Adolesc Psychiatry.*

Lazarus, R. (2000), *Estrés y emoción: manejo e implicaciones en nuestra salud*, traducción de Jasone Aldekoa, Desclee de Brouwer, Bilbao.

Leahey, T. (2013), *Historia de la psicología: principales corrientes en el pensamiento psicológico*, Pearson Educación, Madrid.

Lidz, F., "Collyer mansion kepps Its secrets", *New York Times*, septiembre, 1942, p. 24.

López, Z. (2009), *La perspectiva Freudiana del fenómeno psicosomático*, Letra viva, Buenos Aires.

Mackinnon, R. (2008), *Entrevista psiquiátrica en la práctica clínica*, Ars Médica, México.

Marks, I.M. (1991), *Miedos, fobias y rituales: Clínica y tratamientos*, Martínez Roca, Barcelona.

Maslow, A. (2008), *La personalidad creadora*, Kairos, Barcelona.

Meichenbaum, D. (1994), *Sheila and Karen: two cases of postraumatic stress*, Oxford University Press, Nueva York.

Mineka, S., M. Davidson, M. Cook y R. Keir (1984), "Observational conditioning of snake fear in rhesus monkeys", *Journal of Abnormal Psychology*, pp. 93, 355-372.

Minuchin, S. (1985), *Familias y terapia familiar*, Gedisa, México.

Nava Rivera, A. (1968), *Psicobiología: Las bases biológicas de la conducta, biología general para psicólogos*, México.

Neisser, U. (1967), *Cognitive psychology*, Prentice-Hall, Englewood Cliffs.

Olivares, J. (2009), *Evaluación y tratamiento de la fobia social en población infanto-juvenil de los países de habla española y portuguesa*, Anuario de Psicología, España.

Organización Mundial de la Salud (1993), *Clasificación de los trastornos mentales y del comportamiento: con glosario y criterios diagnósticos de investigación: CIE-10: CDI-10*, Médica Panamericana, Madrid.

Patiño Rojas, J. (1990), *Psiquiatría Clínica*, Salvat, México.

Phillips, K., M. First y H. Pincus (2005), *Avances en el DSM: dilemas sobre el diagnóstico psiquiátrico*, Masson, Barcelona.

Poch, J. y cols. (1992), *La consulta en psicología clínica: Diagnóstico y comprensión dinámica*, Paidós, México.

Vallejo, J. y G.E. Berrios (1995), *Estados obsesivos*, Masson, Barcelona.

Vázquez, C. y C. Cameron (1997), *Taxonomía Cognitiva, Psicopatología y Psicoterapias Cognitivas*, Paidós, Barcelona.

Vidal, G. y R. Alarcón (1986), *Psiquiatría*, Médica Panamericana, Buenos Aires.

Walker, J. (2000), "Prevención de la recurrencia de la fobia social generalizada: resultados de un estudio de 24 semanas en pacientes que respondieron a 20 semanas de tratamiento con Sertralina", en *Journal of Clinical Psychopharmacology*, Vol. 20, núm. 6, p. 396.

Warwick, H. (1990), *Hypochondriasis. Behaviour Research and Therapy*, US National Library of Medicine National Institutes of Health.

Zayfert, C. (2008), "Terapia cognitivo-conductual para el tratamiento del trastorno por estrés postraumático", *Manual Moderno,* México.

Zubin, J. y B. Spring (1977), *Vulnerability a new view of schizophrenia:* Journal of Abnormal Psychology, pp. 86, 103-126.

Zuñiga, A. (2005), "Los trastornos del estado de ánimo", *Revista UNAM.* Consultado en www.revista.unam.mx/vol.6/num11/art110/nov_art110.pdf